Das Buch

Wir alle kennen sie – diese Tage, an denen uns das Gefühl beschleicht, dass einfach alles gegen uns ist. In solchen Zeiten ist Selbstfürsorge unverzichtbar – sie spendet Erste Hilfe und freundliche Worte und zeigt uns, wie wir uns selbst mit Trost und Freundlichkeit begegnen.

In diesem Mutmachbuch bietet Jayne Hardy leicht anwendbaren Rat und beruhigende Botschaften, um Helligkeit und Zuversicht selbst in die dunkelsten Tage zu bringen.

Die Autorin

Jayne Hardy litt schwer unter Depressionen und machte dabei die Erfahrung, wie unglaublich wichtig es für die körperliche und seelische Gesundheit ist, sich endlich mal um sich selbst zu kümmern. Die Autorin gründete daraufhin *The Blurt Foundation*, ein Unternehmen, das sich der Hilfe für Menschen mit Depressionen widmet. Über ihre eigenen Erfahrungen mit dieser Krankheit und mit dem Thema Selbstfürsorge hat sie auf BBC und bei TEDxBrum gesprochen. Sie schreibt u. a. für die *Huffington Post*, *Grazia* und *The Guardian*. Jayne Hardy lebt mit Tochter und Ehemann in Cornwall.

JAYNE HARDY

Fühl dich umarmt

Mut und Hilfe für Tage, an denen das Leben nicht nett zu dir ist

Das Selbstfürsorge-Projekt

Aus dem Englischen übersetzt
von Martin Bauer

WILHELM HEYNE VERLAG
MÜNCHEN

Die englische Originalausgabe erschien 2020 unter dem Titel
Kind Words for Unkind Days bei Orion Spring,
einem Verlag der Orion Publishing Group Ltd., London.

Die in diesem Buch vorgestellten Informationen und Empfehlungen
sind nach bestem Wissen und Gewissen geprüft. Dennoch
übernehmen die Autorin und der Verlag keinerlei Haftung für
Schäden irgendwelcher Art, die sich direkt oder indirekt aus dem
Gebrauch der hier beschriebenen Anwendungen ergeben.
Bitte nehmen Sie im Zweifelsfall bzw. bei ernsthaften Beschwerden
immer professionelle Diagnose und Therapie durch ärztliche
oder naturheilkundliche Hilfe in Anspruch.

Sollte diese Publikation Links auf Webseiten Dritter enthalten,
so übernehmen wir für deren Inhalte keine Haftung,
da wir uns diese nicht zu eigen machen, sondern lediglich auf
deren Stand zum Zeitpunkt der Erstveröffentlichung verweisen.

MIX
Papier aus verantwor-
tungsvollen Quellen
FSC
www.fsc.org
FSC® C014496

Penguin Random House Verlagsgruppe FSC® N001 1967

ISBN 978-3-453-70420-6

www.heyne.de

Inhaltsverzeichnis

Für Peggy,
den liebenswürdigsten Menschen,
den ich kenne

Einleitung

Wir alle werden unfreundliche Tage erleben, so viel steht fest. Die freundlichen Worte an diesen unfreundlichen Tagen? Nicht selbstverständlich. Aus vielen (nicht immer sinnvollen) Gründen neigen wir dazu, uns allein durch die unfreundlichen Tage zu kämpfen: Wir wursteln uns durch und versuchen, andere nicht mit unseren Problemen zu belasten. Wir schotten uns ab und verstopfen so die Kanäle, durch die Freundlichkeit fließen könnte. Und ständig läuft in unserem Geist die gleiche Platte mit unfreundlichen und keineswegs hilfreichen Gedanken.

Dann hauen wir uns nicht nur selbst in die Pfanne, sondern reisen auch gern in der Zeit zurück, zu Augenblicken, in denen uns jemand etwas Unfreundliches sagte. Als jemand uns in deutlichen Worten klarmachte, wie wenig er von unseren Entscheidungen und Taten hielt. Solche Aussagen hinterlassen Spuren. Unser Verstand sagt uns, dass sie mehr darüber verraten, was der Sprecher gerade durchmacht, als über uns, aber schmerzen tun sie trotzdem.

In einer Welt, die auf Selbstgewissheit abfährt, auf Unbeirrbarkeit, Durchsetzungsvermögen und Tüchtigkeit, wird der Freundliche leicht übersehen. Dabei hat Freundlichkeit die Macht zu trösten, zu beruhigen, zu erden, ins Gleichgewicht zu bringen und wieder aufzurichten. Der Balsam der Freundlichkeit kann auch die schlimmsten Zeiten leichter machen. Wir lechzen nach Freundlichkeit, wenn sie knapp ist. Freundlichkeit verändert, ermutigt und verbindet die Menschheit. All das schwingt in geflüsterten Worten der Aufmunterung mit. Ein, zwei freundliche Worte fördern den aufrechten Gang und ein strahlendes Lächeln, sie impfen uns wieder einen Hauch von Glauben an uns selbst ein. Außerdem ist Freundlichkeit ansteckend. Sie pflanzt sich über all unsere Begegnungen fort, sie motiviert und inspiriert über Generationen hinweg. Denn Freundlichkeit verändert nicht nur, sie verzaubert.

In Freundlichkeit liegt nicht nur Sanftheit, sondern auch Wildheit, die ein ganzes Leben anhalten kann. Wir alle erinnern uns an Gelegenheiten, in denen jemand freundliche Worte für uns fand oder etwas Freundliches für uns tat. Sie brennen sich uns ein, sie wärmen und trösten uns noch Jahre später. Dieses anerkennende Nicken bestätigt uns, schweißt uns zusammen und bietet uns Schutz vor oft quälenden inneren Monologen. Je mehr wir uns im Flow befinden, je selbstverständlicher wir freundlich zu anderen sind und deren Freundlichkeit auch annehmen, desto offener fühlen sich unsere Herzen für das an, was die Welt zu bieten hat.

Dieses Buch steckt voller freundlicher Worte für unfreundliche Tage. Ich habe sie hier zu thematischen Blöcken zusammengefasst, sodass du sofort etwas für deine aktuelle Situation findest, egal auf welche Weise ein Tag unfreundlich zu dir ist (oder du dich selbst runterziehst). Lies das Buch von vorn bis hinten, picke dir einzelne Kapitel heraus oder springe wild herum: Mach es, wie es dir am ehesten entgegenkommt. Du darfst auch gerne Fotos meiner Sinnsprüche schießen und als Hintergrund für dein Handy hernehmen oder ausdrucken und an die Wand hängen. Es ist dein Buch. Folgende Worte sollen ausdrücken, was ich mir von diesem Buch für dich erhoffe:

Ich sitze im Dunkeln bei dir

Ich sitze im Dunkeln bei dir.
Ich hoffe und bleibe,
denn auch wenn du es vielleicht noch nicht weißt,
bietet das Leben dir mehr als das hier.
Jenseits dessen hier
gibt es ein Leben, das du nicht verpassen willst.
Ich sitze im Dunkeln bei dir,
bis du einen Schimmer dessen siehst, was ich in
*   dir sehe.*
Ich streichle dir über den Kopf und finde
*   freundliche Worte für dich.*
Ich flüstere dir zu, wie magisch du bist
und welche Zukunft in deinen Händen liegt.
Ich sitze im Dunkeln bei dir,
wenn die nebligen Wolken sich lichten.
Ich halte deine Hand und lächle.
Es dauerte vielleicht ein wenig, aber ich zweifelte
*   nie,*
dass wir gemeinsam die Dunkelheit durchstehen
*   würden.*

Ich weiß aus eigener Erfahrung, wie traurig es in den finstersten Ecken des Geistes aussehen, wie sehr der Kummer einen quälen kann. Dieses Buch steckt voller freundlicher Worte, die ich selbst gehört habe oder mir gewünscht hätte.

Ich schicke euch meine ganze Liebe

Jayne

Freundlichkeit
verändert nicht nur,
sie verzaubert.

1 Worte für Tage, die sich bedrohlich anfühlen

Die Worte in diesem Kapitel werden besonders hilfreich sein, wenn du dich ängstlich, nervös und verstört fühlst. Sie beruhigen dein rasendes Herz und helfen dir, deine Kraft zu erkennen.

Wir alle schlagen uns nur durch

Niemand weiß, was die Zukunft bringt. Niemand bekommt alles gebacken. Kein Leben ist frei von Problemen, Reue, Meinungsverschiedenheiten und Missgeschicken. Niemand kennt alle Antworten. Jeder Einzelne von uns schlägt sich nur durch. Und wir haben schreckliche Angst, Fehler zu begehen. Obwohl wir doch alle Fehler machen. Wir vermeiden, Dinge anders anzupacken, weil wir nichts verbocken wollen. Obwohl Fehler zum Lernprozess gehören.

Wir haben Angst, aufzustehen und unsere Meinung kundzutun, weil wir fürchten, kritisiert und verurteilt zu werden. Obwohl wir natürlich sowieso beurteilt werden, ob wir jetzt aufstehen oder nicht.

Wir stellen nicht diejenigen Fragen, auf die wir eine Antwort suchen, weil wir uns blöd vorkämen. Obwohl doch niemand alles weiß. Wir alle müssen irgendwo anfangen.

Ja, indem wir uns geben, wie wir wirklich sind, riskieren wir Ablehnung. Aber niemand ist nach jedermanns Geschmack.

Und so setzen wir unsere »Ich bin gelassen und gesammelt«-Maske auf und tun, als hätten wir alles im Griff. Dabei jonglieren wir alle doch nur nach Kräften.

Wir alle schlagen uns nur durch. Wir alle wandeln über Pfade voller Hindernisse und Ungewissheit – ohne eine Landkarte zu unserer Orientierung. Wir alle fühlen uns verletzlich.

Freunden wir uns mit dem Durchwursteln an. Lasst uns alle offener umgehen mit den Schwierigkeiten, auf die wir stoßen. Gestehen wir uns unsere Verlegenheiten ruhig ein. Hören wir auf, nur von unseren Highlights zu berichten, machen wir Schluss mit kopflosem Herumgerenne, und umarmen wir die Realität.

Glaube den ängstlichen Gedanken nicht

Freund oder Feind – wie wir unsere Angst betrachten, hängt davon ab, wie sehr sie unser tägliches Leben bestimmt. Angst ist normal. Sie meldet sich, auf dass wir auf alle wahrgenommenen Bedrohungen vorbereitet sind, die Tag für Tag unseren Weg kreuzen könnten. Sie macht das nicht einmal, nicht zweimal, sondern so oft, bis wir etwas unternehmen oder auch nicht. Mitunter meldet sie sich auch in den alltäglichsten Situationen, etwa während Ruhepausen. Dann rührt sich unsere Angst und mahnt: »Hallo, du willst dich doch nicht etwa auf deinen Lorbeeren ausruhen, oder? Hast du in letzter Zeit mal über (diese erschreckende Sache) nachgedacht?« Angst hat das Geschick, scheinbar Normales in Furchterregendes zu verwandeln. Sie kann unsere Gefühle für etwas auf den Kopf stellen, das wir schon hunderttausendmal gemacht haben. Sie kann eine Verbündete sein, wenn gerade ein Löwe das Gartentor überspringt, aber auch eine Feindin, wenn sie deinen Gedanken einen Streich spielt. Denn sie vermag es, dich mit ihrem ewigen »aber ... aber ... aber« völlig zu lähmen.

Gelegentlich bindet sie dir einen gewaltigen Bären auf, indem sie dir grausam einflüstert, du würdest das hier nicht durchstehen. Du hättest einfach nicht das nötige Zeug dafür. Du wärst einfach nicht stark oder mutig genug.

Das sind nichts als grässliche Lügen. In Phasen, in denen wir Freundlichkeit, Geduld und Liebe bräuchten, kocht unser Gehirn eine Selbstzweifel-Suppe, die uns das Leben nur noch schwerer macht. Wenn du gerade eine besonders schlimme Zeit durchmachst, bitte glaube der Angst nicht, die kleinredet, wer du bist und wer du sein könntest. Sie spielt unfair. Sie zerrt jedes Missgeschick, jede Unsicherheit, jede Verletzung hervor, verschweigt aber all die Zeiten, in denen du über deine Angst triumphiertest.

Angst hält dich davon ab, deine Träume zu erfüllen. Sie lässt dich zögern, dich für eine Beförderung ins Gespräch zu bringen. Sie flüstert dir ein, du würdest es nicht verdienen, einen Arzttermin zu bekommen und ihn dann auch wahrzunehmen.

Du kannst das hier durchstehen, und du wirst es auch. Du hast das nötige Zeug dazu. Du bist stark und mutig. Du verdienst all das Wunderbare, das es gibt.

Die Angst unterschätzt dich

Die Angst unterschätzt dein Durchhaltevermögen, deine Resilienz. Sie verschweigt all die Male, in denen du sie überwandest, und all die Male, in denen du stärker warst. Sie übersieht deine Macht, deinen Mut und deine Fähigkeit, hinter allen Schwierigkeiten den Augenblick zu erspähen, da du vor Stolz Rad schlägst. Sie vergisst, dass es keine Mammuts gibt, die uns durch die Steppe jagen, dass das Leben sich weiterentwickelt hat, obwohl unsere Reflexe die gleichen geblieben sind.

Die Angst versucht, dir die Freiheit, Freude, Chancen und Liebe zu verwehren, die jenseits der Hindernisse warten. Sie quält dich damit, was alles schiefgehen könnte, ohne dir zu zeigen, wie alles klappen könnte. Sie flüstert dir ein, du wärst zum Scheitern verdammt, sie macht dich klein, indem sie dir den Schlaf raubt, dir eine Portion Selbstzweifel serviert und deine Fantasie mit den skurrilsten Szenarien füttert. Doch sie unterschätzt dich total.

Welch schlimme Streiche die Angst dir auch gerade spielen mag, lass dir nie die Zuversicht rauben. Du kannst sie überwinden! Denn du bist mächtig, auch wenn du es gerade nicht spürst – *ganz besonders*, wenn du es gerade nicht spürst.

Du verdienst eine Tapferkeitsmedaille

Oft glauben wir, Tapferkeit sei was für die anderen. Schließlich haben wir in letzter Zeit keinen Tiger überwältigt. Wahrscheinlich haben wir auch niemanden aus einem brennenden Haus gerettet. Vielleicht haben wir es nicht mal aus dem Bett geschafft. Aber mach dir deswegen keinen Kopf – Tapferkeit beweist man nicht nur mit Heldentaten. Der Duden definiert »Tapferkeit« als

Tap|fer|keit, w., *Nomen*: unerschrockenes, mutiges Verhalten im Augenblick der Gefahr

»Vielleicht bekomme ich eine Medaille für Tapferkeit.«
Große Tapferkeit: »Sie kämpften mit vorbildlicher Heldenhaftigkeit.«

Synonyme (laut Duden):
Mut, Kühnheit, Beherztheit, Herzhaftigkeit, Furchtlosigkeit, Unerschrockenheit, Unverzagtheit, Schneid, Courage, Risikobereitschaft, Zivilcourage, Mumm (ugs.), Nipf (ugs., österr.), Tollkühnheit, Wagemut, Bravour, Draufgängertum

Es braucht Schneid, durchzuhalten und es immer wieder neu zu versuchen. Sich durch den Schmerz, den Frust, die Taubheit und das unerforschte Terrain zu kämpfen, die das Leben mit sich bringt. Leider bringt man uns in der Schule nicht bei, was Tapferkeit ist, geschweige denn, wie man tapfer ist.

Dabei hast du wahrscheinlich sogar schon ein Leben gerettet: dein eigenes. Denn machen wir uns nichts vor: Nicht jeder überlebt schlimme Zeiten.

Für alle von uns, die sich bereit fühlen, über ihre Erfahrungen zu sprechen und das gesellschaftliche Stigma auf sich zu nehmen, das wohl so schnell nicht verschwinden wird: Wir werden nie voll erfassen, welche Wirkung wir mit Erzählungen von schwierigen Zeiten möglicherweise bei Zuhörern haben. Vielleicht sind sie dankbar für das wissende Kopfnicken, das ihnen zeigt, dass sie nicht allein sind. Das ist angewandte Tapferkeit.

Es braucht Schneid,
durchzuhalten
und es immer wieder
neu zu versuchen.

Du bist mutiger, als du denkst

Wir *fühlen* uns allerdings nicht tapfer, oder? Wir halten uns für irgendwie ungenügend. Fehlt es uns vielleicht an Unterstützung? Wahrscheinlich. Leider. Fehlt es uns an Charakter? Bestimmt nicht! Wenn dir diese grausamen Gedanken einflüstern, du hättest keinen Schneid, schlag diese Seite auf und lies sie mehrmals. Denn es gibt mehr als genug Beweise für das Gegenteil. Gut möglich, dass du dich ängstlich fühlst oder müde. Vielleicht brauchst du gerade Erholung, aber du bist eine Kämpfernatur. Daran besteht nicht der geringste Zweifel.

Solltest du das anzweifeln (weil du, du weißt schon, nur ein einfacher was-weiß-ich bist), hier eine Definition von kämpfen:

käm|pfen, schwaches Verb: sich handgreiflich mit jemandem auseinandersetzen, tätlich gegen einen Gegner vorgehen

Synonyme:
sich mit jemandem messen, einen Wettkampf austragen, boxen, fighten, ringen, catchen, fechten

(Wieder beides laut Duden.)

2 Worte für Tage, die dich zu überwältigen drohen

Suchst du nach beruhigenden, bestärkenden und ermutigenden Worten, weil das Leben dir zu viel wird und du das Gefühl hat, es fehle dir am nötigen Rüstzeug, um mit ihm fertigzuwerden? Dann bist du hier richtig.

Irgendwann kommst du schon dazu

Liegen bei dir Kleiderhaufen am Boden herum? Dafür *könntest* du dich schämen. Du *könntest* auch deine Faulheit verfluchen. Du *könntest* dich deswegen schelten und bestrafen.

Besser wäre es aber, wenn du die Kleiderhaufen als Abbild dessen auffassen könntest, wie es in deinem Inneren aussieht.

Solange wir geistig auf allen Zylindern laufen (selten, soll aber vorkommen), türmen sich unsere Klamotten nicht auf dem Boden. Es stapelt sich auch keine ungeöffnete Post, wir werfen nicht alle unsere Pläne über den Haufen, wir haben keine ungewaschenen Haare, es herrscht kein Chaos in den Unterlagen, der Maileingang quillt nicht über, unser Tank ist nicht leer.

Manchmal brauchen wir eine Weile, bis wir verstehen, worauf diese äußerlichen Anzeichen hinweisen, aber irgendwann kapieren wir es.

Typischerweise warnen sie uns, dass wir möglicherweise überfordert sind, keine Kraft oder Motivation haben, uns mehr vorgenommen haben, als wir schaffen. Dass wir mit Ängsten kämpfen, mit Selbstzweifel und Minderwertigkeitsgefühlen. Vielleicht sind wir richtiggehend krank. Chaos in der Wohnung spiegelt nur die Unordnung in unserem Kopf wider, unsere geistige Verwirrtheit, unsere Erschöpfung. Es zeigt uns, dass wir eine Pause brauchen. Der springende Punkt dabei: Wir dürfen uns dafür *keine Vorwürfe* machen, wir dürfen uns keinesfalls mit anderen vergleichen, bei denen – wie wir glauben – in der Wohnung immer beste Ordnung herrscht. Wir dürfen auch nicht versuchen, unser gesamtes Leben perfekt auf die Reihe zu bekommen. Ein solcher Anspruch erzeugt nur Stress. Wir müssen nur anerkennen, dass der Zeitpunkt gekommen ist, innezuhalten und eine Bestandsaufnahme zu machen.

Sobald wir das tun, lichtet sich der dichte Nebel. Vielleicht fühlen wir uns schon eine ganze Weile ziemlich angezählt. Möglicherweise sind unsere Grenzen ein wenig schwammig geworden. Wahrscheinlich haben wir unsere Selbstfürsorge vernachlässigt. Es ist unglaublich, dass wir uns trotzdem immer weiter durchgebissen haben.

Was auch immer du hier und jetzt brauchst, hole es dir. Räume ihm oberste Priorität ein, mache Platz dafür, gib auch deinem Umfeld Bescheid. Das ist das Mindeste, was du verdienst.

Die Klamotten am Boden? Irgendwann kommst du schon zum Aufräumen. Doch zuerst kümmerst du dich um dich selbst.

Niemand bekommt alles perfekt auf die Reihe

Ebenso wie wir das Chaos in unserer Wohnung beklagen, beklagen wir auch die Unordnung in unserem Kopf. Wir nehmen sie als Zeichen dafür, dass etwas bei uns nicht stimmt, dass wir kaputt sind, uns sinnlos im Kreis drehen.

Doch bevor alle Dinge ihren Platz finden, fliegen sie oft wild durcheinander.

Denk nur daran, wie es war, als du Schreibschrift lerntest. Die Buchstaben gingen wild über die Zeilen hinweg, du vergaßt, wo du ansetzen musstest, mit dicken schwarzen Strichen korrigiertest du Fehler. Doch irgendwann …

Du hieltest durch. Du übtest so lange, bis dir die Bewegungen in Fleisch und Blut übergingen. Heute schreibst du auf Autopilot, und was sich einst chaotisch *anfühlte*, ist es nicht mehr.

Das gilt für alles, was du je gelernt hast. Erst herrschte große Unordnung, bis plötzlich alles seinen Platz fand. Aus gutem Grund muss man sich einen Fahrlehrer nehmen, der einen erst mal durch den Verkehr begleitet, bevor man ganz allein losziehen darf. Sonst würden wir hinter dem Steuer eine Gefahr für andere bedeuten.

Beim Gehenlernen fallen wir immer wieder hin,

holen uns Beulen und Kratzer. *Bis das irgendwann aufhört.*

Beim Sprechenlernen lallen wir anfangs nur herum. *Bis das irgendwann aufhört.*

Beim Lesenlernen quälen wir uns durch den Buchstabensalat. *Bis das irgendwann aufhört.* Lernen ist mühsam, voller Hindernisse, und immer wieder erfahren wir, dass wir etwas falsch machen. *Bis das irgendwann aufhört.*

Als Erwachsene gestatten wir es uns oft genug nicht mehr, »Anfänger« zu sein, obwohl doch natürlich alles Neue, andere oder Schwierige, das wir anpacken, eine Lernerfahrung anstößt. Und wir machen zwangsläufig Fehler, bis irgendwann alle Teile ihren Platz finden. Lernen heißt hinzufallen, wieder aufzustehen und wieder hinzufallen. *Bis das Hinfallen irgendwann aufhört.*

Die Krux daran ist, dass wir uns für etwas Unvermeidliches fertigmachen. So läuft Lernen nun mal, so haben wir krabbeln, gehen, reden, schreiben und alles andere gelernt, das wir vorher nicht konnten. Wir sind von Geburt an darauf ausgelegt, durch Versuch und Irrtum zu lernen, doch im Erwachsenenalter funkt uns eine unfreundliche und einengende Eigenschaft dazwischen: unser Perfektionismus.

Wenn bei dir gerade inneres Chaos herrscht, wage den nächsten Schritt. Probiere es weiter. Halte dir immer vor Augen, dass du mit einer angeborenen Fähigkeit ausgestattet bist, Unordnung zu ertragen und einen Sinn darin zu entdecken. Lass dich nicht von deiner Angst, unvollkommen zu sein, zurückhalten. Sie hat dich früher schon nicht stoppen können, und sie sollte dich auch jetzt nicht aufhalten.

Du musst nicht triumphieren; eine Nummer kleiner tut es auch

Von allen Seiten werden wir ermuntert, groß zu denken, den Glauben an die eigene Beschränktheit über Bord zu werfen und die Augen für all die Gelegenheiten zu öffnen, die sich uns bieten. Dieser Ansatz ist absolut angebracht – solange wir vor Gesundheit nur so strotzen.

Zu diesem Makroansatz gehört aber auch ein Mikrofundament, die Grundlage für alle Heldentaten, Auszeichnungen und Erfolge. Das Mikrofundament besteht aus all den Dingen, die wir wiederholt tun, Tag für Tag. Auf ihnen ruhen die Makroerfolge. Die Heldentaten auf der Mikroebene bleiben unbesungen.

Nur um das klarzustellen: Auf Mikroebene träumen wir nicht davon, letztendlich zu triumphieren – es geht allein darum, die nächste Minute zu bewältigen. So chaotisch dein Leben gerade sein mag – eine Minute zu bewältigen scheint doch ziemlich machbar! Drücke die Schultern durch und atme tief ein. Sechzig Sekunden treten gegen dich an. Na, da stehen die Chancen für dich doch gut – immer, egal was kommt.

Es heißt, um die einzelnen Euros müsse man sich selbst kümmern, die Millionen würden dann für sich selbst sorgen. Für deine Zeit gilt das Gleiche: Kümmere dich um deine Minuten, und die Tage, Wochen, Monate und Jahre sorgen schon für sich selbst. Vorübergehend mag es dich bremsen, dass du dich um deine Minuten kümmerst. Es zwingt dich, präsent zu sein (eine sehr gute Sache) und sorgfältig auf das zu achten, was du in diesem Moment brauchst (eine außerordentlich gute Sache). Das erhöht die Wahrscheinlichkeit, dass du dir genau das verschaffst und über die Minute triumphierst. Indem wir Mikrosysteme und Mikromomente schaffen, um unsere inneren Schwingungen zu erfühlen und uns an sie anzupassen, gelingt es uns, die Minuten auf bewusstere Art aneinanderzufügen.

Das klingt jetzt verdächtig einfach. Aber probiere es mal aus. Setze dich still hin und horche in dich hinein. Was brauchst du? Möchtest du etwas trinken, auf die Toilette gehen, brauchst du Ruhe oder ein Hintergrundrauschen? Brauchst du Schlaf oder Bewegung? Musst du geistigen Schrott abladen, eine Liste schreiben, eine Verabredung absagen, ein Treffen mit jemandem vereinbaren? Was stört dein inneres Refugium gerade? Was macht, dass du dich unbehaglich fühlst? Was kannst du jetzt sofort unternehmen, um die innere Ruhe wiederzufinden?

Das Schwierige
am Erwachsen-»Sein«

Als Erwachsene fällt es uns oft schwer, einfach zu »sein«. Ständig geht es ums »Tun«, unsere Verantwortlichkeiten, den alltäglichen Kleinkram des Erwachsenenlebens. Immer sagen wir uns, wenn die To-do-Liste erst mal abgearbeitet ist, lehnen wir uns zurück und erholen uns. Dann und nur dann werden wir die Ruhe genießen können, ganz ohne Schuldgefühle.

Doch dieser Augenblick ergibt sich nie, denn das Leben ist eine unendliche Rolltreppe, ein Fließband, das unablässig dieses oder jenes an uns heranträgt, das unsere Aufmerksamkeit erfordert.

Wir könnten buchstäblich den ganzen Tag schaffen, schaffen, schaffen und bekämen trotzdem nie das Gefühl, alles erledigt zu haben, weil wohl oder übel ständig irgendwas dazukommt. Und wir sind hervorragend darin, diesen Dingen unsere Aufmerksamkeit zu schenken. Leider vergessen wir dabei oft, auf uns selbst zu achten – und wundern uns dann, warum in aller Welt wir uns so ausgelaugt fühlen.

Wir fixieren uns derart auf unsere To-do-Listen, dass wir nicht mehr darauf hören, wie wir uns fühlen und was wir brauchen. Kein Wunder, dass unser Motor zu stottern anfängt und irgendwann buchstäblich aus dem letzten Loch pfeift. Wir leben auf dem Gepäckkarussell eines Flughafens und drehen uns endlos im Kreis.

Aber wir können den Pausenknopf drücken. Echt. Das geht.

Wir sind nicht weniger wert, nur weil wir anhalten. Wir sind wertvoll, egal ob wir etwas tun oder nicht. Die Menschen, die uns für wertlos halten, wenn wir eine Pause einlegen, verdienen unsere Aufmerksamkeit, Liebe und Energie nicht.

Den Pausenknopf zu drücken verschafft uns eine Verschnaufpause, den Raum durchzuatmen, darauf zu hören, was in uns vorgeht, und uns auch danach zu richten. Unterbrechungen müssen sein, sonst zerbrechen wir. Ohne Wartungspausen kann niemand unendlich weiterschuften.

Falls dir das hilft, fasse es so auf: Eine Pause zu nehmen ist wie sein Auto zur Inspektion zu fahren, es auf Verschleiß zu überprüfen, nach Stellen zu suchen, die ein wenig Zuwendung und Liebe brauchen, und diesen Stellen dann die benötigte Liebe und Zuwendung zu geben, damit hinterher alles wieder schnurrt. Unsere Autos lassen wir regelmäßig warten, es wäre also nur konsequent, wenn wir für uns selbst regelmäßige Wartungspausen einplanten.

Du verdienst nicht nur eine Pause, du *brauchst* sie. Kein Grund für Schuldgefühle! Alles andere kann warten, das kann es doch immer. Aber deine Gesundheit? Weniger. Sie zählt am meisten, um sie musst du dich zu allererst kümmern, sie musst du schützen.

Wir können
den Pausenknopf
drücken.
Echt.
Das geht.

Es gibt keine Zeitmaschine

Die Zeit ist ein listiges Biest, denn sie vergeht unabhängig davon, wie wir sie verplanen. Oft zerrinnt sie uns nur so zwischen den Fingern, und das versuchen wir auszugleichen, indem wir den Tag lückenlos verplanen – ohne eine Atempause. Wir hetzen von diesem zu jenem, immer weiter. Inmitten dieses Gehetzes vergessen wir uns selbst und das, was uns eigentlich am Herzen liegt.

Eine weitere Merkwürdigkeit der Zeit ist, dass wir niemals wissen können, wie viel uns im Rahmen des großen Ganzen noch bleibt. Wir verschieben das, was Spaß macht, die Gelegenheiten für Glück, die ruhigen Augenblicke auf »später«. Wobei »später« eine zeitliche Fata Morgana ist, unerreichbar, weil Lärm und Hektik uns immer dazwischenkommen. Bis all die lustigen Sachen uns nur noch wie Luftschlösser erscheinen. Heute unerreichbar, aber morgen vielleicht. Oder irgendwann. Wir verdienen eh kein Vergnügen, wir haben es nicht verdient, noch nicht.

Leider zeigt uns keine Kristallkugel, wie die Zukunft aussieht und wie viel »später« uns noch bleibt. Glücklicherweise haben wir aber mehr Optionen, als wir glauben. Wir alle können souveräner über unsere Zeit bestimmen, als es auf den ersten Blick scheint.

Und, das ist gewiss, wir alle verdienen Licht statt Schatten, Lachen statt Tränen, Freiraum statt Unordnung und all die Dinge, die unser Herz schneller schlagen lassen.

Ja, das gilt absolut und unbedingt auch für dich. Welche Sache, die für DICH wäre, schiebst du ständig vor dir her, verschiebst du immer wieder auf morgen? Welche Erfahrung, Begegnung, Pause hast du immer wieder verschoben, bis du schon fast nicht mehr daran glaubst? Obwohl du dich danach sehnst, obwohl allein der Gedanke daran dir Bauchkribbeln verursacht? Vielleicht glaubst du, nur ein anderes Du verdiene es, ein vom Leben weniger gebeuteltes Du. Vielleicht glaubst du, der Zug sei abgefahren. Es mag sich dabei um ein Karriereziel handeln, ein persönliches Ziel oder ein Abenteuer. Vielleicht tätest du besser daran, weniger zu tun und dir mehr Freiraum zu lassen.

Überlege dir das Was, Warum, Wie und Wann. Was würdest du in diesem Moment lieber tun? Warum sagst du zu jedem verdammten Käse Ja? Wie kannst du umverteilen, wie du deine Zeit nutzt? Und wann fängst du an, dir selbst das Beste von dir zu geben? Wir alle verdienen Gesundheit und Glück. Jeder von uns. Da gibt es keine Diskussion.

Du bist dein Boss

Steckt dein Leben so voller Verpflichtungen, Verantwortung und To-do-Listen, dass du dich schier überwältigt fühlst? Dann hast du wahrscheinlich auch das Gefühl, du wärst nicht mehr Herr deines eigenen Lebens. All die Verpflichtungen (»Du solltest ...«) lasten schwer auf uns. Ständig drohen Fristen. Von allen Seiten spüren wir die Erwartungen anderer.

Angesichts all dessen vergessen wir nur zu leicht, wer hier der Boss ist. Es ist verzeihlich, dass wir glauben, wir wären für alles Mögliche verantwortlich. Es ist verzeihlich, wenn wir vergessen, wer wirklich die Zügel hält.

Denn letztlich bist das du. *Du* bist dein Boss, jetzt und jederzeit. Das vergisst man leicht in einer Welt, in der andere einem Grenzen setzen, sich überaus selbstbewusst äußern und von uns erwarten, dass wir uns ebenso benehmen.

Doch die Welt, in der wir leben, ist ein soziales Konstrukt. Was bedeutet, dass du so ziemlich alles dekonstruieren darfst, was dir nicht nützt.

Wir sitzen am Steuer unseres Lebens. Niemand kann uns zwingen, verstopfte oder vermüllte Pfade einzuschlagen. Jeder erwachsene Mensch ist voll verantwortlich für sich selbst.

Ergreife das Steuer endlich wieder, wenn dein Leben in Chaos abzugleiten droht! Wir dürfen uns herausnehmen, »Stopp!« zu rufen. Wir dürfen vom Zug abspringen. Um uns zu orientieren, zu genesen und uns wieder mit der Person vertraut zu machen, die wir sind und die wir sein wollen. Um neu zu verhandeln, uns neu zu erfinden und auf das zu besinnen, was für uns wirklich zählt.

Du bist dein eigener Boss, absolut und zweifellos.

Blende das Geplapper aus

Wir ertrinken geradezu in Informationen. Google weiß auf alles eine Antwort – vielmehr: Tausende Antworten. Von rechts und links hören wir Ratschläge, ob wir das nun wollen oder nicht. Es gibt Meinungen, Erwartungen, Alarme, Benachrichtigungen, Apps, Ansichten und vieles mehr. All diese Dinge von außerhalb überwältigen unsere Sinne und rauben uns die Fähigkeit, klar zu denken.

Und dann wundern wir uns, dass wir gar nicht mehr recht wissen, wer wir sind, was wir wollen, was uns gefällt und was nicht.

Wir beklagen, dass uns unzählige Gedanken durch den Kopf schwirren, sobald wir uns abends zur Ruhe begeben.

Und wir ärgern uns über unsere scheinbare Unentschlossenheit und die Unfähigkeit, uns zu konzentrieren.

Wir belasten uns mit Gedanken, ob wir andere vielleicht enttäuscht haben könnten, indem wir ihren Erwartungen an uns nicht gerecht wurden.

All das ist bedeutungsloses Rauschen, das von draußen hereindringt. Es übertönt unsere eigenen Wünsche und Bedürfnisse. Es lädiert unser Selbstwertgefühl und unsere Selbstachtung. Es versperrt uns den

Blick auf die Einzigartigkeit dessen, der wir sind. Es lässt den Regenbogen unserer Farben verblassen und gibt uns das Gefühl, mausgrau zu sein.

Um wieder die zu werden, die wir sind, müssen wir lernen, all das äußere Geplapper auszublenden. Das gelingt uns, indem wir bewusst Momente der Ruhe in unserem Alltag schaffen, indem wir uns in Stille rekeln, Alarme und Benachrichtigungen abschalten, aktiv nach der Stille suchen, die vor der Smartphone-Ära ganz natürlich existierte, indem wir in uns hineinhorchen, wie *wir* die Dinge sehen (anstatt zu übernehmen, wie wir sie nach Meinung anderer sehen sollten).

Denn nichts verdienen wir mehr als das wohlige Gefühl, authentisch zu sein, selbstgewiss darin, wer wir sind und wer wir sein wollen. Um das herauszufinden, müssen wir uns Zeit für unsere wildesten Träume nehmen und unserer Fantasie genüsslich freien Lauf lassen.

Fürchte dich nicht davor, die Außenwelt in die Warteschleife zu verbannen, während du nach der Weisheit tauchst, die bereits in dir steckt.

3 Worte für Tage, an denen du das Gefühl hast, du zähltest nicht

Ist heute einer dieser unfreundlichen Tage, der macht, dass du dich klein fühlst? Brauchst du ein wenig Aufmunterung und Zuspruch? Dann bist du hier richtig.

Du *bist* wichtig

Hin und wieder fühlt sich unser Hirn an, als steckten
alle Zahnräder in einer zähflüssigen Masse. Jede Tat,
jeder Gedanke scheint sich wie unter einer Zentner-
last durch tiefen Morast zu schleppen.

Als wäre das Leben nicht schon schwierig genug!
Wenn die Gedanken nur zäh fließen und das Gehirn
sich wie betäubt anfühlt, scheint der Alltag schnell
wie ein unüberwindliches Bergmassiv, Ermüdung
nagt von allen Seiten an uns. Wer die Finsternis von
psychischer Krankheit oder Trauer erlebt hat, ver-
steht, wie unüberwindbar es sich anfühlen kann, sich
nur die Zähne zu putzen – etwas, das wir auf Autopilot ganz selbstverständlich jeden Tag machen, ohne
groß einen Gedanken daran zu verschwenden. Etwas,
das kaum Energie erfordert und sich keineswegs anfühlt wie eine überwältigend bedrohliche Herkules-
aufgabe.

Typischerweise nehmen wir eine solche Lähmung
persönlich, als Zeichen, dass wir nicht mehr mithal-
ten können, nicht den Anforderungen entsprechen,
einfach ungenügend sind.

Was wir nicht berücksichtigen, ist, dass wir über
einen erheblichen Zeitraum hinweg einhundertzehn
Prozent gegeben, die letzten Reserven aus uns her-

ausgeholt haben, nur um durchzuhalten, und Bedenken heruntergeschluckt haben, um uns später um sie zu kümmern, da sie zu einem »unpassenden« Zeitpunkt aufkamen. Wir vergessen die Male, in denen wir Ruhepausen verschoben haben, und wir vergessen, wie viel wir uns unterwegs abverlangt haben. Wir vergessen, dass wir keine Roboter sind. *Wir vergessen, wie wichtig wir sind.*

Selbstfürsorge verlangt im Grunde von uns, dass wir achtsam entscheiden und immer berücksichtigen, wo wir uns gerade befinden und wo wir hinwollen. Das klingt so einfach, so machbar. Es ist machbar, aber alles andere als einfach.

Wenn die Gedanken zäh fließen wie Sirup und es uns unendlich schwerfällt, die Zähne zu putzen, haben wir das Stadium erreicht, dass es uns reicht. *Mehr als reicht.* Auf diese Weise sagt uns unser Gehirn: »Moment mal, du möchtest vielleicht weiterackern, aber ich brauche eine Pause und, verdammt noch mal, ich nehme sie mir. Jetzt.« Respektiere das. Achte auf die Erschöpfungssignale deines Körpers.

Plane Pausen ein.
Plane Schlaf ein.
Plane Gespräche mit Menschen ein,
*   die dich aufbauen.*
Plane deine Bedürfnisse mit ein.
Plane ein, Aufgaben zu delegieren.
Lasse einen Freiraum, um zu erkunden,
*   wie du dich fühlst.*
Lasse Raum dafür, deine wundervollen Träume
*   zu erkunden.*

Lasse dir Freiraum für Feineinstellungen
Veränderungen, Anpassungen.
Plane Zeit ein, die allein dir gehört, eine feste
Verabredung mit dir selbst.

Wenn die Gedanken im Morast stecken bleiben, mache bitte eine Pause, oder nimm zumindest den Fuß vom Gaspedal.

Du bist so viel mehr wert als alles, was dringend fällig ist, überfällig, was dir abgerungen oder abverlangt wird. So viel mehr.

Du darfst Raum einnehmen

In den allerschrecklichsten Zeiten flüchten wir in die Schatten. Diese Schatten verfolgen uns dann selbst ins Sonnenlicht und legen sich über alles, was Spaß macht. Sie saugen uns die Lebensfreude aus und rauben uns jede Energie. Sie bringen Gedanken, an denen wir schwer kauen, hartnäckige und gemeine Gedanken.

Gedanken, die uns einflüstern, wir würden
andere mit unseren Problemen volltexten, wären
Schneeflocken, um die sich keiner schert.
Gedanken, wir würden anderen zur Last fallen,
wir müssten dies und jenes ändern, um
annehmbar zu sein und angenommen zu
werden.
Gedanken über Gedanken über Gedanken.
Gedanken ohne magischen Knopf zum
Leiserdrehen oder Stummschalten.
(Ach, was wäre der praktisch!)
Wild umherrasende Gedanken, die uns jede
geistige Energie rauben, während wir
mit ihnen ringen oder sie zu ignorieren
versuchen, um ungestört weitermachen zu
können.

Es liegt in der Natur dieser Gedanken, dass sie uns kleinzureden versuchen; und wenn wir keine Unterstützung bekommen, keine Schulter zum Anlehnen finden, keinen Menschen haben, der uns die Sichtweise zurechtrückt, beeinträchtigen diese Gedanken unsere Handlungen.

Wir bekommen Angst, Raum einzunehmen.

Wir rufen nicht in der Praxis an, um einen Arzttermin zu vereinbaren.
Wir entschuldigen uns, wenn jemand uns auf die Zehen tritt.
Wir entschuldigen uns dafür, dass es uns gibt.
Wir entschuldigen uns für alles und jedes.
Wir behaupten unsere Grenzen nicht.
Wir lassen die Schultern hängen.
Wir tun alles Mögliche, um nur nicht aufzufallen.
Wir hinterfragen unsere Pläne, ändern sie aber nicht, um andere nicht zu behelligen.
Wir verbiegen und verrenken uns, wir schließen faule Kompromisse, um es anderen recht zu machen.
Wir rufen nicht bei Hilfetelefonen an, weil wir glauben, keine Hilfe zu verdienen, selbst in Notfällen.
Wir gestatten uns nicht zu glänzen.

Doch du verdienst die Zuwendung eines Arztes.
Wenn jemand dir auf die Zehen steigt, soll er sich entschuldigen.

Du darfst Raum einnehmen und dir Raum verschaffen.

Du darfst sein, wer du sein möchtest.

Entschuldige dich nicht dafür, wer du bist und wie du bist.

Deine Grenzen sind wichtig und unerlässlich für deine Gesundheit.

Atme tief durch und stehe erhobenen Hauptes da.

Du wirst immer auffallen, denn du bist im besten Sinne einzigartig.

Du hast absolut das Recht, deine Meinung zu ändern.

Bitte verbiege dich nicht, um andere glücklich zu machen.

Nutze in Notfällen die Hilfetelefone.

Erlaube dir so zu glänzen, wie du bist.

Du bist fantastisch, so wie du jetzt bist. Du steckst voller Wunder und Zauber, Freundlichkeit und Licht, Lachen und Liebe. Schiebe die unwahren Gedanken zur Seite (bitte dabei ruhig um Hilfe) und lasse ein wenig mehr von dir durchscheinen. Tritt auf die Bühne, nimm das Mikro und beanspruche Raum. Es ist dein Augenblick.

Du steckst voller
Wunder und Zauber,
Freundlichkeit und Licht,
Lachen und Liebe.
Schiebe die unwahren
Gedanken zur Seite
und lass ein wenig
mehr von dir
durchscheinen.

In dir steckt Macht

Macht zeigt sich nicht notwendigerweise durch Gebrüll, das Spielenlassen von Muskeln, Donnergrollen oder Urschreie, wie wir sie von Sportlern in Aktion kennen. Macht kann auch ein leises Atemholen sein. Das Flüstern der Hoffnung. Das Halten einer Hand. Ein geistiges Über-den-Kopf-Streicheln. Ein sanftes Tätscheln des Rückens. Du bist mächtig. Selbst wenn du es nicht fühlst, bist du mächtig. Die Kraft, die in dir steckt und die dich anstrengende Zeiten bestehen lässt – das ist Mächtigkeit. Die Fähigkeit, dich nicht unterkriegen zu lassen, immer wieder aufzustehen, sooft du auch hinfällst – das ist Mächtigkeit. Die Dinge, die du unternimmst und die der Hoffnung ein Rückgrat verleihen – auch das ist Mächtigkeit. Das Weitermachen, Nichtaufgeben, die Bitte um Hilfe – all das ist Mächtigkeit. Alles.

Manchmal wird Mächtigkeit übersehen, bleibt unausgesprochen und kommt unvermutet. Der Umstand, dass Mächtigkeit nicht immer laut ist, nimmt ihr nichts von ihrer Kraft. Denk nur an die Macht der Liebe. Auch Liebe ist eine gelegentlich übersehene, unausgesprochene und unvermutete Macht. Oder nimm

Elektrizität – der eigentliche Strom bleibt für uns unsichtbar, aber er erleuchtet ganze Orte und Städte. Er ist mächtig. Die Kraft in dir ist immer da, sie sprudelt vor sich hin. Selbst wenn du dich machtlos, leer und ausgelaugt fühlst. Sie ist da, während du dir eine Pause gönnst, dich entspannst, neue Kräfte schöpfst, dich erholst. Sie ist immer da. Dir werden sicher viele Beispiele für Situationen einfallen, die du bewältigt hast, obwohl du dachtest, du würdest sie nie durchstehen. Für Hindernisse, die unüberwindlich schienen, bis du sie überwandest. Für Dinge, die du für unmöglich gehalten hattest, bis sie dir gelangen. Für Gelegenheiten, bei denen du an dir zweifeltest, aber dennoch antratst. Schreibe eine Liste, denke über sie nach und nutze sie als Waffe in deinem Arsenal gegen diese unablässigen lästigen Gedanken, die dich kleinmachen. Du bist so viel mehr, als jene Gedanken dir einflüstern. Du bist wahrlich eine mächtige Persönlichkeit.

Mächtigkeit
muss nicht
immer laut sein.

Du bist keine Last

Was sind wir doch für ein höflicher Haufen, nicht wahr? Wir möchten niemandem zur Last fallen. Wir möchten helfen, nützlich und produktiv sein. Wir recherchieren im Internet, lösen Probleme, lesen Bücher. Wir versuchen, niemandem Zeit zu stehlen oder Raum zu nehmen. Einen Arzttermin zu vereinbaren schieben wir ewig vor uns her. Wir entschuldigen uns rechts und links, für nichts und wieder nichts. Wir rechtfertigen uns für alles.

Kurz: Wir bürden uns Lasten auf, damit wir uns selbst nicht wie eine Belastung fühlen müssen.

Und die Lasten, die wir da schleppen? Sie türmen sich gewaltig und wiegen schwer. Sie sind ermüdend und lästig. Wir alle tragen Lasten mit uns herum – Dinge, die uns aufreiben und abnutzen. Dinge, die unsere Gefühle aufzehren und uns Stress verursachen. Dinge, bei denen wir wirklich ein wenig Hilfe, Rat, Anleitung oder sogar einen Abschluss bräuchten.

Doch die Sache ist die: Zurückhaltung und die Angst, anderen zur Last zu fallen, rächen sich meist. Am Ende stehen wir uns selbst im Weg.

Wir vergessen, was es bei anderen anrichtet, wenn sie *nicht* um Hilfe gebeten werden: Sie machen sich

Sorgen und fühlen sich hilflos. Wir bedenken nicht, dass wir irgendwann ganz unter der Last zusammenbrechen und dann umso mehr Hilfe brauchen, wenn wir nicht rechtzeitig ärztliche oder therapeutische Hilfe beanspruchen. Wir »entlasten« andere nicht, indem wir nicht um Hilfe bitten – die Last, die wir tragen, wächst nur immer weiter, bis sie riesig wird wie ein Elefant, an dem man kaum mehr vorbeikommt. Menschen helfen gern, so wie wir anderen ja auch gern helfen.

Und irgendwann wird uns jemand mit unserer Last helfen müssen. Ebenso wie andere Hilfe mit ihrer Last brauchen werden. Überlege doch mal: Was passiert, wenn du um Hilfe bittest?

Du musst deine Last nicht mehr allein tragen, und du vermeidest Schäden, die durch dauerhafte Überlastung irgendwann zwangsläufig entstehen. Idealerweise dienst du sogar jemandem als Vorbild, der ebenfalls Hilfe bräuchte. Mut ist nämlich ansteckend.

Wenn dich das nächste Mal jemand fragt, wie es dir geht, verbeiße dir das reflexhafte »Gut, gut« und lass dem anderen den Hauch einer Chance, für dich da zu sein – so wie du zweifellos eines Tages für ihn da sein wirst.

Du bist absolut keine Last – du trägst Lasten. Das ist mal eine radikal andere und hilfreiche Perspektive, oder?

Menschen
helfen gern,
so wie auch
wir gern
anderen helfen.

Energiespritze

Vielen von uns ist das »Pendel der Selbstfürsorge« vertraut. Wir fühlen uns großartig, unser Motor schnurrt dahin, und Selbstfürsorge scheint kein großes Thema zu sein. Doch urplötzlich schwingt das Pendel ganz auf die andere Seite des Spektrums, und Selbstfürsorge bekommt eine überragende Bedeutung. Sie wird zu einem Werkzeug, das uns ermöglicht, ganz langsam wieder zu gesunden. Selbstfürsorge wird zum unerlässlichen, lebensrettenden Akt der Freundlichkeit uns selbst gegenüber.

Wir praktizieren oder vergessen sie wieder, je nachdem, ob wir uns gerade toll fühlen oder nicht, und so wechseln sich bei unseren inneren Ressourcen Überfluss und Not ab – der Pendeleffekt.

Was wäre nun, wenn wir Selbstfürsorge nicht nur als Rettungsanker einsetzen würden, sondern als tägliche Energiespritze – zum regelmäßigen Nachfüllen unseres inneren Tanks?

Oder in Super Mario-Begriffen ausgedrückt: Selbstfürsorge bedeutet, Herzen, Münzen, Pilze, Feuerblumen und Froschanzüge zu sammeln, nur für den Fall, dass wir sie später vielleicht mal brauchen. Es macht Spaß, sie zu sammeln, man hat das Gefühl, etwas geleistet zu haben, und tatsächlich weiß man ja nie, ob man nicht in eine Klemme gerät und eine Feuerblume bräuchte, um einen Feind zu besiegen. Das Leben ähnelt diesen Spielen doch sehr …

Wir dürfen davon ausgehen, dass in unserer Zukunft irgendetwas passieren wird, das uns auf die Probe stellt und all unseren Vorrat an Wohlbefinden aufsaugt. Wir alle brauchen Verbündete im Kampf gegen unsere Feinde (Depression, Angst, Grenzen und andere Dinge, die uns auslaugen). Wir können uns eine Energiespritze verpassen, indem wir uns um unsere emotionalen, geistigen, körperlichen und sozialen Bedürfnisse kümmern. Mit den richtigen Ressourcen ausgestattet scheinen uns Hindernisse plötzlich durchaus überwindbar.

Es liegt also auf der Hand, dass wir bei jeder Gelegenheit versuchen sollten, uns eine Energiespritze zu sichern, so wie Mario es täte, oder? Um so gut wie möglich für schlechte Zeiten (die immer kommen) gerüstet zu sein – wir haben magische Kräfte gebunkert, die wir nur anzapfen müssen, um Krisen durchzustehen.

Und klingt »Energiespritze« nicht auch viel cooler und attraktiver als »Selbstfürsorge«?

Eine spielerische Grundhaltung (wie beim Gamen) erlaubt uns auch bei Problemen im echten Leben, die sich bietenden Möglichkeiten besser zu erkennen. Wir gehen optimistisch an sie heran und akzeptieren, dass es am Ende unzählig viele Ergebnisse geben kann.

Wir sollten anfangen, Selbstfürsorge nicht länger als etwas zu betrachten, das wir nur bei Bedarf anwenden, sondern als etwas, das unterwegs ganz nebenher erledigt werden kann. Fange an, Selbstfürsorge zu sammeln wie ein Held im wirklichen Leben. Denn du bist so ein Held.

Das Ziel des Spiels, wenn du es denn beginnen willst, lautet, Energiespritzen zu sammeln. Was baut dich auf, schenkt dir Kraft, gibt dir Energie?

4 Worte für Tage, an denen du negative Gedanken wälzt

Dieses Kapitel bietet Leitlinien, Erkenntnisse und Lektionen, die dir dabei helfen, negative Gedanken schon in ihrer Entstehung anzugehen und in einen anderen Kontext zu stellen.

Es ist nicht immer einfach, »positiv zu denken«

Das negative Zeug neigt dazu, wie ein Leuchtturm alles zu überstrahlen, wie ein Löwe zu brüllen und keinen Zentimeter zu weichen. Positive Dinge passieren, und wir streben ja aktiv nach ihnen, aber irgendwie scheint das Negative immer zu überwiegen. Das vermittelt uns leicht das Gefühl, wir würden etwas falsch machen, es nicht hinkriegen oder hätten echt Pech. Oder alles drei. Leider prägen die negativen Dinge uns auch. Wer kennt nicht gemeine Kommentare, kritische Blicke oder abschätzige Gesten, die den eigenen Kurs irritieren? Das kann vor zehn Minuten gewesen sein, vor zehn Wochen oder vor zehn Jahren. An irgendetwas erinnerst du dich bestimmt, das beeinflusst, wie du heute deine Tage angehst, oder das dich an dir zweifeln lässt.

Es gibt einen Grund, warum das Negative so schwer wiegt. Und das hat nichts mit uns als Personen zu tun, es steckt in unserer Biologie.

Unser Gehirn achtet eher auf Negatives. Diese Tendenz hat sich im Lauf der Evolution herausgebildet, weil sie uns schon seit jenen Zeiten vor Gefahren schützt, in denen wir in Höhlen lebten und es Säbelzahntiger gab. Unser Gehirn ist so verdrahtet, dass

Risiken übergroß scheinen und das Negative immer im Vordergrund steht. Nun hat sich unser Leben fortentwickelt, der Hang zum Negativen ist aber geblieben. Und das kostet enorm Kraft.

Das Leben, wie wir es kennen, ist laut und geschäftig. Von allen Seiten strömen Informationen auf uns ein, ständig erleben wir unbekannte Situationen und treffen neue Leute. Und jedes Mal, ob wir uns das bewusst machen oder nicht, klopfen wir jedes verdammte Detail auf lauernde Gefahren ab. Immer suchen wir nach dem Negativen.

Ständig heißt es, wir sollten »das Positive sehen«. Klingt ganz einfach, fällt dir vermutlich aber verdammt schwer. Und weißt du warum? Weil es unendlich viel schwerer *ist*, als es klingt.

Das liegt nicht an dir, nicht daran, wie du bist. Es fehlt dir nicht an einer magischen und mystischen Fähigkeit, die Welt positiv zu sehen. Dein verdammtes Hirn ist schuld – es tut, was es tun soll, auch wenn das echt ermüdend ist.

Hör nicht auf, nach dem Positiven zu suchen und negative Gedanken zu hinterfragen. Hör nicht auf, dir Hilfe zu holen, wenn negative Gedanken dich tatsächlich in Gefahr bringen. Aber bitte hör auf zu glauben, dass etwas bei dir nicht stimme. Hör auf, dir vorzuwerfen, dass du die Dinge trüber siehst, als du solltest.

Lass dich nicht irremachen

Die menschliche Fantasie ist zügellos; sie hat wunderbare, wunderschöne Dinge erschaffen, die über alle Zeiten, Grenzen und Kulturen hinweg Staunen erregen:

die ägyptischen Pyramiden,
das Taj Mahal,
das Kolosseum,
den Eiffelturm,
die Brooklyn Bridge,
die Sagrada Familia sowie
unzählige Bücher, Lieder, Gedichte, Filme
und Kunstwerke.

Die Liste ist endlos; sicher gibt es auch Dinge, die du hinzufügen würdest.

Doch unsere grenzenlose Fantasie hat eine Kehrseite: Unsere Fähigkeit, im Geist Garne der Sorge und Angst zusammenzuspinnen, in denen sich die Szenarien wild miteinander verweben. Wir malen uns aus, was wir sagen und tun sollten, falls ein bestimmtes (unerwünschtes) Ergebnis eintritt (was aber höchstwahrscheinlich nie passiert). Auf diese Weise eingesetzt kann Fantasie uns den Schlaf stehlen,

Angst verursachen und eine innere Stimmung erzeugen, die uns jede Kraft raubt, isoliert und das Gefühl vermittelt, wir wären ungenügend, erbärmlich und voller Mängel. Lass dich nicht irremachen, wenn dir deine Fantasie auf solche Weise durchgeht, sondern relativiere deine Gedanken und balanciere sie so aus:

- *Eine schlechte Phase in einer Beziehung bedeutet nicht gleich, dass sie zum Scheitern verurteilt ist. Alle Probleme lassen sich lösen, solange beide Seiten guten Willens sind.*
- *Eine oder sogar drei schlechte Entscheidungen zu treffen bedeutet nicht, dass du es nicht kannst. Vermutlich fehlten dir nur notwendige Informationen. Oder entschiedest du vorschnell, weil du das Gefühl hattest, unter Druck zu stehen?*
- *Nur weil du jemanden angeblafft hast, macht dich das noch nicht zu einem gemeinen Menschen. Wahrscheinlich bist du ausgelaugt und brauchst Raum zum Atmen.*
- *Wenn das Leben dich runterzieht, dann heißt das nicht, dass du nutzlos bist. Sondern dass du Hilfe brauchst.*

Worin badest du?

Auch unsere Erfahrungen unterliegen Gezeiten. Phasenweise läuft alles wie am Schnürchen, doch urplötzlich schlägt das Leben um und wird verstörend, unsicher und schwierig. Oder es plätschert irgendwo zwischen den Extremen dahin. Wenn beim Glück gerade Ebbe herrscht und die weniger erfreulichen Dinge hereinfluten, ist es nur zu natürlich, dass wir uns erschöpft fühlen. Schließlich schwimmen wir gegen den Sog an und versuchen mit aller Macht, ruhigere Gewässer zu erreichen. Angenehmere Gefühle gehen in der Flut weniger schöner Gefühle nur zu leicht unter. Gleichzeitig ist es auch nur zu natürlich, dass wir uns bestens in jemanden hineinversetzen können, der sich in der gleichen Situation befindet.

Befänden wir uns nun wirklich auf hoher See und nicht nur bildlich gesprochen, würden wir uns aus ganzem Herzen ein Rettungsboot, eine Boje zum Festhalten wünschen. Wir würden uns nach einer Atempause sehnen. Und wir würden uns wünschen, möglichst schnell wieder aus der Situation herauszukommen.

In unbeständigen Zeiten kann es in unserem Kopf stürmisch zugehen wie in der aufgewühlten See. Mitunter sind unsere Gedanken bedrohlich, brutal, trüb und wild. Doch es macht einen Unterschied, ob man die Flut negativer Gedanken erlebt oder sich in ihr suhlt.

Erlauben wir uns, uns darin zu suhlen, trübt sie alles, was wir sehen, berühren und fühlen. Da sollten wir doch besser beschließen, die Sonne zu sein. Um Wärme, Licht und Schönheit für uns zu schaffen, selbst in tiefster Finsternis.

Es ist schwierig, die Welle umzukehren, während die Negativität nur so über uns hinwegschwappt. »Positiv denken« reicht da einfach nicht. Wir müssen vielmehr versuchen, den Kanal zu wechseln – wie wir das beim Fernseher und beim Radio auch machen.

Noch im dicksten geistigen Nebel können wir uns bewusst für positive Handlungen entscheiden. Wir können beschließen, etwas zu machen, zu backen, uns zu vernetzen, zu schreiben, zu lieben, zu pflanzen, uns sanft mit Dingen berieseln zu lassen, die Wärme und Behaglichkeit verströmen.

Wie wild das Meer auch tobt, du wirst deinen Weg ans ruhigere Ufer finden.

Wenn draußen
der Sturm tobt, dichte
Wolken wabern und der
Regen herunterprasselt, gibt es
die Sonne trotzdem noch.

Wir können sie nur
gerade nicht sehen.
Wir zweifeln aber nie
daran, dass es sie gibt.

Rebelliere

Wohin wir auch schauen – von kunstvoll designten Instagram-Posts über freizügige Unterwäschewerbung bis hin zu furchteinflößenden Schlagzeilen –, überall wird uns dick aufs Brot geschmiert, dass wir nicht gut genug sind. Hier ist *genau* die Lotion, der Zaubertrank oder die App, um dem abzuhelfen. Aber all das ist Blödsinn, nichts weiter.

All der mediale Wirbel führt dazu, dass wir uns bewertet fühlen und andere bewerten. Dabei können wir gar nicht alles richtig machen. Was bleibt, ist der Wunsch, uns zu verkriechen, weil unsere Wirklichkeit Lichtjahre von der Wirklichkeit entfernt ist, in der wir uns vorfinden.

Das Schlimmste daran ist, dass die gemeinen Worte und Botschaften sich so hartnäckig festsetzen. Sie brennen sich uns ein, durchdringen unsere Gedanken und Entscheidungen. Kein Wunder, dass wir uns so verunsichert fühlen und solche Angst haben, Fehler zu machen. Wir sehen, wie Menschen wegen eines Fehltritts durch den Dreck gezogen werden, weil sie sich ihrer selbst zu sicher fühlten, weil sie einen winzigen Fehler begingen.

Nicht zuletzt deswegen beäugen wir Selbstfürsorge mitunter so kritisch. Die Vorstellung, uns selbst zu lieben, verursacht uns Stirnrunzeln. Freundlichkeit uns selbst gegenüber widerspricht allem, was uns so eingetrichtert wird. Die gleichen Medien, die Artikel über die Wunder der Selbstfürsorge veröffentlichen, hauen Promis dafür in die Pfanne, dass sie mal ungepflegt aus dem Haus gehen, retuschieren gleichzeitig ihre Hochglanzbilder digital auf Perfektion. Es wimmelt hier nur so von widersprüchlichen Botschaften, was wir natürlich auch spüren. Deshalb tun wir uns so schwer damit, nett zu uns selbst zu sein.

Ja, nett zu sich selbst zu sein ist schon fast rebellisch – es läuft allem zuwider, was wir in Läden, Supermärkten, online und auf Papier gedruckt sehen. Selbstfürsorge bedeutet, sich gegen den Konformitätszwang aufzulehnen. Sie bedeutet, all die strengen »Du solltest« abzuschütteln und stattdessen das zu tun, was dein Herz dir rät. Es ist ein rebellischer Akt, nicht mehr länger perfekt sein zu wollen, sondern uns selbst anzunehmen und stolz darauf zu sein, wer wir sind. Unseren ganz eigenen Weg zu gehen, bis wir vor Selbstliebe so überquellen, dass sich das auf jede Interaktion, jeden Pfad, jede Entscheidung, jeden Ort und jeden Menschen auswirkt, dem wir begegnen.

Rebelliere gegen die »Normen« der Gesellschaft, indem du

dir bewusst vergibst, anstatt dich zu bestrafen.
dir bewusst Mitleid entgegenbringst, anstatt
dich über dich selbst zu ärgern.
bewusst freundlich zu dir bist, anstatt auf die
inneren Trolle zu hören.

dich bewusst mehr deinen Erfolgen widmest
als deinen Unsicherheiten.
bewusst sorgsamer mit deinem »Ja« umgehst.
in Zweifelsfällen bewusst zu deinen Gunsten
entscheidest.
dich bewusst mehr für dich selbst entscheidest.
bewusst mehr auf dein inneres Potenzial achtest
als auf die Dinge, bei denen du feststeckst.
dir angesichts all der widersprüchlichen
Botschaften bewusst stärker vertraust.
bewusst entscheidest, dass du absolut gut genug
bist, so wie du bist.

Wir mögen es nicht immer schaffen, die Welt um uns
herum zu ändern, aber die Welt in uns können wir sehr
wohl ändern – und das, das wissen wir alle, verändert
die Welt um uns herum dann schließlich auch.

Nur nicht die Ameisen füttern!

Niemand mag Plagen, seien sie nun verursacht von Küchenschaben, Ameisen oder negativen Gedanken. Wenn wir mittendrin stecken, wünschen wir uns weit weg.

Doch leider funkt uns das Gehirn dazwischen. Es hat sich nicht ganz so schnell weiterentwickelt wie alles andere und verweist weiterhin ständig und unablässig auf Dinge, die schlecht oder gefährlich sein könnten. Damit will es uns nur vor Gefahren schützen, was eigentlich recht fürsorglich ist. Aber wir leben nun mal nicht mehr in Höhlen und haben auch nicht die täglichen Überlebenskämpfe prähistorischer Menschen zu führen. Das Gehirn hat bloß noch nicht mitbekommen, dass die Zeiten sich geändert haben.

Das Problem mit diesen negativen Gedanken ist, dass sie ganz von selbst aufkommen. Wer wir auch sind, in welchen Umständen wir auch leben, welche Titel wir führen, welche Positionen wir bekleiden, wie reich wir sein mögen: Wir alle haben sie.

Bei einigen von uns wachsen sich diese Gedanken aber zu einer regelrechten Plage aus, die gewaltig nervt und einen Riesenlärm verursacht.

Aber ich habe ein paar Tipps, wie du diese Plage eindämmst oder bekämpfst, wie du die Invasion der negativen Gedanken aufhältst:

1. *Unsere Gedanken lügen. Oft. Versuche sie niederzuschreiben und frage dich dann, ob sie wirklich zutreffen. Ganz ehrlich? Wahrscheinlich nicht. Dein Gehirn will nur, dass du eine mögliche Gefahr zur Kenntnis nimmst und einschätzt. Manchmal reicht schon der Akt des Aufschreibens und Einordnens von Gedanken, um sie verstummen zu lassen.*

2. *Wirf die Gedanken aus der Bahn. Wir alle können uns an Gelegenheiten erinnern, in denen wir uns ziemlich mies fühlten, plötzlich aber etwas Spannendes geschah, das uns aus unserem Trübsinn riss. Unsere Gedanken wurden aus ihrer Bahn geworfen. Wir können das selbst bewerkstelligen, wenn wir uns bewusst genug sind, dass sich negative Gedanken zusammenbrauen. Hier hilft jedem etwas anderes, aber du könntest es mit einem Austausch versuchen. Sobald die »Ich bin so ... (hier ein wirklich gemeines Wort einsetzen)«-Gedanken auftauchen, versuchst du sie durch freundlichere Gedanken zu ersetzen: »Ich bin so stark/nett/lustig/unterhaltsam usw.«*

3. *Sammle Gegenbeweise: ein Computerordner, ein Filmchen mit netten Botschaften, eine Pinnwand mit Briefen, netten Worten und aufbauendem Feedback. Sieh sie dir an, wenn die negativen Gedanken herumwuseln.*

4. *Drücke die Brust raus und widersprich. Nimm den Gedanken auf und leg dich mit ihm an.* Lautet der wiederkehrende Gedanke etwa, du hättest versagt und das zeige nur, wie nutzlos du bist, dann halte ihn an, hole tief Luft und widersprich. »Ich mag das vergeigt haben, aber ich habe mein Bestes gegeben und gebe es weiterhin. Heute bin ich klüger, also mache ich es beim nächsten Mal besser.«

5. *Achte auf deine Umgebung.* Falls Menschen, mit denen du viel Zeit verbringst, dich ständig runtermachen, falls du einen miesen Chef hast, falls du im Internet Tiraden schwingst oder nichts lieber machst, als zu tratschen, zu urteilen und andere schlechtzumachen, falls du Zeug ansiehst, in dem ständig Verrat, Blutvergießen und Trauer vorkommen, dann gibst du wahrscheinlich deinen negativen Gedanken nur weitere Nahrung. Leg den Schalter um und umgib dich mit Dingen und Menschen, die dich aufbauen statt kleinmachen.

Eine Negative-Gedanken-Plage raubt dir jedes Selbstbewusstsein. Sie saugt dir die Kraft aus und gibt dir das Gefühl, mit dir selbst im Krieg zu sein. Ist unsere Umgebung dann noch feindlich, verstärkt das unsere Gefühle und Gedanken nur noch. Wenn wir die Invasion unserer Gedanken verhindern können, und sei es nur teilweise, schenken wir uns ein wenig Seelenfrieden.

Werde neugierig

Grübeleien über das eigene Leben enden oft ungut. Gut möglich, dass wir an Entscheidungen und Taten festhalten, die unser Leben auf eine Weise verändert haben, die uns nicht gefällt. Nachgrübeln weckt oft nur die selbstkritische innere Stimme, die uns mit all den Dingen runterzieht, die wir gerne anders gemacht hätten.

Befinden wir uns in einer Phase, in der sich das Leben echt bescheiden anfühlt, lassen sich in einem Rückblick vielleicht sogar vernünftige Antworten finden, aber nur, wenn wir uns der Vergangenheit wirklich offen nähern. Grübeln, das uns nur den letzten Rest an Selbstvertrauen und Selbstachtung raubt, bringt gar nichts.

Ein neugieriger Blick, der sich für solche Muster interessiert, zeigt uns hingegen, dass unser Leben gar keine 180-Grad-Wende braucht, weil mitunter schon kleinste Anpassungen Gewaltiges bewirken. Analysiere dein Leben wie ein Detektiv, wie ein Ermittler.

Damit schärfst du deine Bewusstheit und übernimmst mehr Verantwortung für eigene Entscheidungen und Handlungen. Der analytische Blick hilft dir dabei, zu vernünftigeren Schlüssen zu kommen, als unser emotionales Ich es zuweilen kann.

Um unsere angeborene Neugier zu wecken, hilft es oft, Dinge festzuhalten, unsere Stimmungen und Gewohnheiten, unsere Treffen mit anderen Menschen in einem Tagebuch niederzuschreiben, denn darin verbergen sich wertvolle Informationen auf mögliche Muster. Vielleicht stellst du fest, dass nach jeder Begegnung mit Großtante Edna, deren abwertende Bemerkungen und kritischen Einwände dich runterziehen, deine Stimmung im Keller ist. Anhand deiner Aufzeichnungen wirst du das Muster erkennen und kannst beschließen, sie seltener oder gar nicht mehr zu sehen.

Vielleicht fühlst du dich ganz in deinem Element, erfüllt und völlig gelassen, wenn du bis zu den Knien in Farbe stehst. An Tagen, an denen du gemalt hast, zeigen deine Aufzeichnungen dann sicher einen Stimmungsaufschwung.

Zum Festhalten deiner Gefühle brauchst du kein schickes Tagebuch. Ganz nach Belieben kannst du dir auch gut Notizen auf deinem Handy machen, kostenlose Apps zur Nachverfolgung deiner Gewohnheiten nutzen oder auf Druckerpapier oder etwas anderem schreiben. Aber probiere es aus, mindestens eine Woche lang: Halte fest, wie du dich fühltest, überlege, woran das an diesem Tag gelegen haben könnte, notiere deine Gewohnheiten, schreibe nieder, mit wem du dich trafst, was du tatest und wie sich alles anfühlte, und lass dann das Ganze ruhen.

Lies dir am Ende der sieben Tage deine Notizen durch, als wärst du ein Ermittler. Was erkennst du? Gibt es irgendwelche Gewohnheiten, die du gern ändern würdest? Bemerkst du, dass manche Beziehungen eine unschöne Seite in dir zum Vorschein kommen lassen? Mit welchen Hindernissen, Erfolgserlebnissen und Umständen gehen sie einher? Was läuft gut, was nicht? Und dann nimm dir ganz fest vor, Änderungen zuzulassen, und seien sie noch so klein.

Aber vergiss nicht: Der ermittelnde Kommissar ist eine mitfühlende, freundliche und neugierige Seele, die die vorliegenden Informationen mit einem kritischen, fragenden und interessierten Blick zu betrachten vermag, aber keine Vorwürfe erhebt, Urteile fällt oder Kritik übt (nur für den Fall, dass dein innerer Troll sich einzumischen und diese potenziell sehr nützliche Übung zu sabotieren versucht).

Unkraut und Samen

Zunächst einmal möchte ich festhalten, dass an Unkraut nichts Schlechtes ist – theoretisch zumindest. So manches Unkraut ist sogar hübsch, aber Unkraut definiert sich als etwas, das wächst, wo du es nicht haben willst. Und es wächst nicht nur, es *wuchert!* Nur mit viel Geduld, Zeit und Anstrengung lässt es sich ausrotten, und wenn du es nicht regelmäßig rupfst, überwuchert und erstickt es alles, was du an dieser Stelle gepflanzt hast.

Mit unseren negativen Gedanken und Selbstgesprächen verhält es sich genauso. Wir alle kennen das: Eine Intuition blitzt auf, uns kommt eine Idee, wir hängen einem Tagtraum nach oder lassen uns von Begeisterung mitreißen – doch sofort stellen sich auch Zweifel, Ängste und Millionen Gründe ein, eben das nicht zu tun, was uns noch Sekunden zuvor grandios vorkam.

Die Geistesblitze, die ehrgeizigen Pläne, die uns am helllichten Tag träumen und Strategien entwerfen lassen, all das, was uns begeistert – das sind die Samen. Was auf sie folgt, was unseren Plänen die Luft rauslässt – das ist das Unkraut.

Vernünftig betrachtet brauchen wir natürlich mehr Samen, was sonst? Doch ist dir schon mal aufgefallen, dass wir uns oft genug für das Unkraut entscheiden? Traurig, aber wahr. Wenn wir es wachsen lassen, es nicht ausrupfen und entfernen, überwuchert und tötet es die jungen Pflänzchen, die aus den so sorgfältig gesäten Samen wuchsen (manchmal müssen wir nicht einmal säen, weil die besten Gedanken uns mitunter einfach zufliegen, etwa unter-der Dusche).

Wir alle haben eine Liste mit Träumen, die wir auf die lange Bank schoben, weil das verdammte Unkraut uns einflüsterte, wir könnten das nicht, das würde nicht klappen, wir wären nicht gut genug, wir würden nur scheitern und so weiter und so fort. Und wir glaubten ihm. Es wucherte so wild, dass es den nützlichen oder hübschen Pflanzen Luft und Leben nahm.

Es gibt nur allzu viele Theorien, warum unsere Träume, Tagträume, Instinkte, Leidenschaften – kurz: unser Bauchgefühl – uns leiten sollten. Wenn wir doch nur dieses verdammte Unkraut in Schach halten könnten!

Nun, die gute Nachricht lautet, dass wir es absolut ausdünnen und kleinhalten können. Leider erfordert das Geduld, Zeit, Mühe und Hartnäckigkeit.

Der Schlüssel zum Erfolg liegt darin, darauf zu achten, was an Informationen hereinkommt. Lauter miese Nachrichten, die innere Ängste anfachen? Oder inspirierende, erhebende, lehrreiche Schnipsel, aus denen du ein, zwei gute Dinge lernen kannst?

- *Was ist mit den Menschen, mit denen du viel Zeit verbringst?*

- Gehören sie zu der Sorte, die deine Träume miesmachen, oder zu der Sorte, die dir Mut machen, nach dem Motto »Schnapp es dir, Tiger!«?
- Wie gehst du mit Komplimenten um? Erwiderst du sie zwanghaft, oder nimmst du das Geschenk freundlicher Worte dankbar an?
- Was ist mit den gemeinen Stimmen in deinem Kopf? Sammelst du geistige oder physische Beweise dafür, dass sie recht haben? Oder legst du eine Kiste / einen Ordner / eine Pinnwand mit Erinnerungen an Augenblicke an, in denen du Erfolg hattest, siegtest, Hindernisse überwandest und Dinge schafftest, die du dir nicht zugetraut hattest?
- Welcher Art ist das Geschnatter, das bei jeder Gelegenheit reflexartig in deinem Kopf losgeht? Lässt es das Unkraut wuchern, oder versuchst du, solche Gedanken achtsam und freundlich loszulassen, sodass sie wegdriften und verpuffen?

Kümmere dich gut um die Samen und schaffe eine innere Atmosphäre, in der sie gedeihen und erblühen können. Und was du mit dem Unkraut zu tun hast, weißt du.

Um negative
Gedanken und innere
Stimmen zu
bekämpfen, braucht
es Geduld, Zeit,
Mühe und
Hartnäckigkeit.

Auch du verdienst Mitgefühl

Wir kämpfen, fighten, strengen uns an und geben nicht auf.
Mitgefühl gegenüber anderen? Kein Problem, das zeigen wir ständig. Da kennen wir nichts. Unser Mitgefühl erwächst aus dem Wissen, wie schlimm das Leben sein kann. Die Erfahrung, die Erinnerungen an eigene Schmerzen gemahnen uns, alles in unserer Macht Stehende zu tun, um das Leid anderer bei jeder sich bietenden Gelegenheit zu mindern.

Und das ist außerordentlich nett – es bringt das Beste in uns zum Vorschein und zeigt, welch magische Veränderungen ein wenig Freundlichkeit bewirken kann.

Wir können sehen, wie die Entwicklung eines Kindes leidet, wenn es zu wenig Freundlichkeit, Nähe und Mitgefühl erfährt. Es lernt nicht richtig, seine Gefühle zu verarbeiten, Grenzen zu behaupten, sich geborgen zu fühlen, ein Selbstempfinden auszubilden, Bindungen aufzubauen, Selbstbewusstsein zu entwickeln, sich angemessen zu verhalten.

Da leuchtet es doch ein, dass wir uns in vielerlei Hinsicht das Leben schwer machen, indem wir uns selbst Freundlichkeit und Mitgefühl vorenthalten. Wie sollen wir gut von uns denken, wenn wir uns geistig ständig in die Pfanne hauen?

Der innere Kritiker, der innere Troll, der innere Perfektionist – sie alle sind nur Ausdruck des Urtriebs unseres Gehirns, uns vor Gefahren zu schützen. Aber dieser Trieb hilft uns nicht weiter. Er verhindert, dass wir aufblühen. Strenge, selbst liebevolle, hilft nur selten. Von allen Seiten strömen Informationen auf uns ein, »was die anderen gerade machen«. Und es fällt uns verdammt schwer, das auszublenden. Uns ist nur zu bewusst, welche Sprünge und Schritte andere machen, welche Erfolge sie feiern, was sie schon wieder Großartiges planen – während wir das Gefühl haben, uns vorsichtig auf Zehenspitzen vorwärtszutasten, voller Angst, Fehler zu begehen, uns als ungenügend zu erweisen, gewogen und für zu leicht befunden zu werden. All das lastet schwer auf uns.

Von allen Menschen, die dein Mitgefühl wirklich verdienen, bist du der allererste. *Und du warst schon immer der allererste. Du verdienst*

einen Vertrauensvorschuss,
Bestätigung,
Vergebung und Akzeptanz.

Das verdienst du! Und zum Glück musst du dich nur selbst bedienen.

Verwandle dich in einen wilden Trolljäger, fange deinen inneren Troll und bringe ihn zur Strecke. Töte ihn mit Freundlichkeit und begleite dann all dein Zaudern, jedes Stolpern, jedes Hinfallen mit ebensolcher Freundlichkeit. Beenden wir diese Mitgefühl-Dürre und fluten wir unser Leben mit der Freundlichkeit, die wir so sehr verdienen. Hier einige Vorschläge, wie du deinen inneren Troll bekämpfen könntest:

- *Schreibe die Worte »Ich bin es wert / gut genug / klug / stark« auf deinen Spiegel, damit du sie jeden Tag liest.*
- *Mache einen aufmunternden Slogan zum Hintergrundbild deines Handys (fotografiere einen der Sinnsprüche in diesem Buch!).*
- *Feiere jeden kleinen Sieg eine Stunde, einen Nachmittag oder einen Tag lang.*

5 Worte für Tage, an denen du ein, zwei Fehler gemacht hast

Wenn dich Schuldgefühle plagen, dir etwas peinlich ist oder du dich wegen einer Sache schämst, dann tauche tief in die tröstenden Worte dieses Kapitels ein. Sie verschaffen dir ein wenig Luft und bieten die Chance, die Dinge anders zu betrachten.

Lass dir von der Vergangenheit kein Bein stellen

Die Vergangenheit gehört zu den Dingen, die unser Wachstum behindern, unsere Weiterentwicklung stoppen und unsere Fähigkeit schwächen können, so zu glänzen, wie es unserer Natur entspricht.

Es liegt in der Natur des Lebens, dass es keine Sekunde stillsteht. Selbst wenn wir kurz innehalten, entwickeln sich die Dinge weiter, mäandern und umströmen uns. Selbst wenn wir uns ganz ruhig fühlen, arbeiten Geist und Körper weiter, um uns am Laufen zu halten, uns zu erneuern und zu regenerieren. Es gibt keinen echten Stillstand – mitunter mag die Veränderung mikroskopisch klein und nicht wahrnehmbar sein, aber irgendwas wandelt sich immer.

Wir fließen in die Richtung, die wir einschlagen, und wenn wir zurückblicken, insbesondere auf vergebene Möglichkeiten und Beziehungen, auf Schuldgefühle und Untiefen, auf Bedauern und Ärger, dann riskieren wir, aus dem Auge zu verlieren, wo wir sind und wo wir hinmöchten.

Die Vergangenheit formt, prägt und beeinflusst uns, aber sie bestimmt uns nicht. Wir sind heute nicht mehr, wer wir gestern waren. Wir werden morgen nicht mehr sein, wer wir heute sind.

Die Vergangenheit *kann* uns sehr wohl ein Bein stellen. Sie kann schwer auf uns lasten und uns niederdrücken. Aber ändern können wir nur, was vor uns liegt. Die *nächsten* Kapitel dürfen wir erst noch schreiben.

Und es hat absolut nichts Schändliches, dabei um Hilfe zu bitten. Schließlich gibt es da manchmal Erlebnisse, die erhebliche Traumata verursacht haben, Schmerzen und Verletzungen, die wir allein absolut nicht zu überwinden wissen. Erkundige dich nach dem Weg, wenn du dich verirrt hast. Das erspart dir, noch mehr Zeit und Energie zu verlieren. Es erspart dir Schmerzen.

Du magst dich vielleicht so fühlen, aber du bist niemals kaputt. Vielleicht orientierst du dich neu, schälst Schichten ab, entfaltest dich, lernst, machst eine Pause, ziehst Bilanz, rufst die Kavallerie, gesundest gerade, aber kaputt bist du nie.

Wenn das Leben dir gerade eine vor den Latz knallt, denk immer daran: Es kann dich nie umwerfen. Es gibt nichts, was du nicht durchstehen könntest – ehrlich. Glaube an dich, vertraue darauf, dass du das beste Stehaufmännchen der Welt bist, bitte um Hilfe, wenn die Schläge zu viel für dich werden, und tue dein Bestes. Mehr kann niemand von dir verlangen (auch du selbst nicht).

Wir können
nur ändern, was
vor uns liegt.
Die NÄCHSTEN
Kapitel dürfen
wir erst
noch schreiben.

Stolpern und Zusammenbrüche

Stolpern gehört unausweichlich zum Leben. Es ist ganz natürlich, dass wir uns unsicher fühlen, Fehler machen und dass die Dinge nicht wie geplant laufen. Das ließe sich allein dadurch vermeiden, dass man nie etwas Neues oder anderes ausprobiert. Aber ohne Herausforderungen wachsen wir auch nicht, wir bleiben stecken, geben unsere Träume auf und ignorieren die Veränderungen, die wir machen müssten. Also ja, mit Stolpern müssen wir rechnen.

Mit Zusammenbrüchen aber nicht unbedingt. Zusammenbrüche können schmerzhaft sein, peinlich, und sie verursachen mitunter einen emotionalen »Kater«. Sie können Beziehungen zerstören, Schuld- und Schamgefühle in uns auslösen. Wir alle sind schon zusammengebrochen, haben erlebt, dass wir stolperten und dann die Wände um uns herum einstürzten. Solche Zusammenbrüche werden oft von einem »Zuviel« verursacht: zu viel Last auf unseren Schultern (Probleme, Verantwortung, Erwartungen), zu viele aufgestaute Emotionen, zu viel Negativität (äußere oder innere), zu viel Stolpern, zu viele Sinneseindrücke, zu viele Menschen, zu viel Schlafmangel – die Liste ließe sich weiterführen.

Zusammenbrüche lassen sich vermeiden, doch um sie zu vermeiden, müssen wir der Wahrheit ins Auge blicken, wer wir sind und was wir brauchen. Oft zeigen Zusammenbrüche an, dass etwas schiefgelaufen ist. Erst wenn wir die Vorgeschichte betrachten, erkennen wir, was sie ausgelöst hat.

Was geschah vor dem Zusammenbruch? War der Stress besonders hoch? Hattest du dir zu viel zugemutet? Vielleicht wurden deine Bedürfnisse nicht erfüllt? Nimm dir Zeit herauszufinden, was dich zusammenbrechen ließ. Und warum.

Diese Informationen sind Gold wert, denn sie ebnen den Weg für Hilfe. Mit ihnen ausgestattet können wir konkret um Unterstützung bitten, bewusst Ruhepausen einplanen, Dinge kaufen, die unsere Sinne schonen (geräuschunterdrückende Kopfhörer usw.). All das zusammen bildet ein Selbsthilfesystem, das deine Eigenarten berücksichtigt und dich vor Zusammenbrüchen schützt.

Halte durch und suche dir Trost und Bestärkung, um all das zu überstehen. Überschütte dich mit Freundlichkeit, solange du noch mittendrin steckst – und hinterher, denn *du überstehst auch diese Krise, garantiert!*

Endlose Selbstvorwürfe sind auch keine Lösung

Schuldgefühle sind merkwürdige Emotionen, die uns bis zur völligen Erstarrung lähmen können. Aber sie können auch Veränderungen anstoßen.
Es gibt die verschiedensten Gründe und Arten, sich schuldig zu fühlen:

Schuldgefühle, ausgelöst durch Kompromisse oder Opfer, die wir machen bzw. bringen mussten
Schuldgefühle, ausgelöst durch eigene Fehler
Schuldgefühle, weil wir zu ... (hier Adjektiv einsetzen) waren
Schuldgefühle wegen Dingen, die wir sagten bzw. nicht sagten
Schuldgefühle wegen etwas, was wir dachten bzw. nicht dachten
Schuldgefühle, weil wir nicht genug taten bzw. nicht gut genug waren
Schuldgefühle wegen etwas, was wir haben bzw. nicht haben

Schuldgefühle verstärken die Scham.
Da sind die Schuldgefühle, wenn wir uns für die Handlungen anderer verantwortlich fühlen. Wir füh-

len uns schuldig, wenn jemand uns anrempelt, jemand etwas Gemeines zu uns sagt oder wir das Gefühl haben, wir würden zu viel Raum einnehmen. Diese Schuldkiste vermag uns völlig durcheinanderzubringen. So sehr, dass es uns schwächt und demütigt.

Schuldgefühle drücken uns zu Boden, ertränken uns in den Wellen, vor allem aber bringen sie überhaupt nichts. Was nützt es, wenn wir uns unablässig für irgendetwas in die Pfanne hauen? An der Vergangenheit ändern wir damit gar nichts, wir ändern lediglich, was auf uns zukommt, und zwar nicht zum Besseren.

Wenn wir es zulassen, zwingen Schuldgefühle uns in die Knie und halten uns dort fest. Sie überwältigen und schwächen uns, bis uns die Kraft ausgeht.

Sich in Schuldgefühlen zu suhlen ist wie der Versuch, mit einem muffigen Lappen und einem Eimer Schmutzwasser Fenster zu putzen: Am Ende kommt nicht das raus, was wir uns erhofften.

Versuche, einen anderen Gang einzulegen: raus aus dem Rückwärtsgang (denn das tun Schuldgefühle oft; sie halten uns in der Vergangenheit fest, lassen im Gehirn eine Endlosschleife von hätte/sollte/wäre ablaufen) und in den ersten Gang. Der erste Schritt besteht darin, zurückzutreten und mitfühlend auf den Grund der Schuldgefühle zu blicken: »Was kann ich daraus lernen?« Diese Haltung erlaubt dir, das Steuer deines Lebens wieder mutig selbst in die Hand zu nehmen und deine Lehren zu ziehen. Lernen wir aus der Vergangenheit, um die Zukunft nach unserem Geschmack zu verändern.

Schuldgefühle sind
merkwürdige Emotionen,
die uns bis zur
Erstarrung lähmen können.
Aber sie können auch
Veränderungen anstoßen.

Strenge ist meistens keine Lösung

Wer wünscht sich schon Strenge? Einen wertenden, missbilligenden Blick? Wer möchte in barschem Ton, in kalter Atmosphäre und ohne Hilfestellung auf ein gewünschtes Ergebnis hin gedrillt werden? Wer möchte schon auf die harte Tour zu etwas gedrängt werden – selbst wenn es aus bester Absicht und im Grunde aus Liebe geschieht? Wir assoziieren Strenge mit der Vorstellung von Menschen, die sich fürchten, einen falschen Schritt zu tun, von Menschen, die vom Wunsch getrieben werden, jemandem zu gefallen oder zumindest nicht kritisiert zu werden.

Schau dir an, wie Menschen gehen. Als Kleinkinder stolpern und fallen wir Hunderte Male, bis wir irgendwann – tata! – das Laufen lernen.

Oder nimm das Sprechen. Wenn wir jemanden reden hören, hören wir das Endergebnis all des »Ma-ma«- und »Ga-ga«- und »Wau-wau«-Gebrabbels. Wir brabbeln vor uns hin, bis irgendwann sinnvolle Wörter dabei herauskommen.

Wenn wir einen Brief lesen, sehen wir das Ergebnis vieler Stunden des Lernens: Jemand hat Schreiben, die Feinheiten seiner Sprache zu beherrschen gelernt und aus den roten Korrekturen seiner Lehrer Schlüsse gezogen.

Wenn wir Menschen dafür bewundern, was sie geleistet haben, was sie sind und tun, scheint uns die Kluft zu dem, was wir leisten, sind und tun, zuweilen unüberwindlich. Doch in diesen Fällen vergleichen wir, was wir noch nicht können, mit dem, was die anderen schon gelernt haben.

Wir übersehen, was wir alles noch nicht können. Lernen aber erfordert Zeit. Und die Bereitschaft, etwas erst mal nicht so gut zu beherrschen. Lernen heißt, sich der Verletzlichkeit zu stellen, die damit einhergeht, dass man etwas neu beginnt. Lernen verlangt von uns, uns das Stolpern und Hinfallen zu verzeihen, während wir uns durch unbekanntes Gelände tasten. Es erfordert, dass wir uns auf Unbekanntes einlassen, bis es uns bekannt ist.

Wir tun uns unrecht, wenn wir uns dafür kritisieren, was wir alles nicht wissen. Wir spielen damit auch herunter, wie viel Arbeit, Schufterei, Tränen, Kurse, Seminare, Buchlektüren und YouTube-Filme die anderen gebraucht haben, um von A nach B zu kommen. Wir vergessen auch, dass wir bei Kleinkindern schon die Geh- und Sprech-*Versuche* feiern. Wir ermuntern Kinder ganz aktiv dazu. Wir spenden ihnen, schon laaaange bevor sie etwas wirklich beherrschen, Beifall.

Strenge bringt selten so viel wie (eimerweise) Empathie, Freundlichkeit und Geduld, denn sie ermutigt und motiviert uns kaum. Wenn du gerade dabei bist, etwas ganz Neues anzufangen, dann vergiss nicht, dass du heute jede Menge Dinge beherrschst, die du früher nicht konntest. Du musstest nur üben, üben, üben, üben und noch ein bisschen üben. Halte schriftlich fest, was du in letzter Zeit probiert hast, wo du gewachsen bist und dich verbessert hast. Du verdienst Anerkennung schon dafür, dass du Neues überhaupt ausprobierst. Erlaube dir, dich vorwärtszutasten, Fehler zu machen, zu schwanken und noch nicht zu beherrschen, was du beherrschen möchtest, anstatt streng mit dir ins Gericht zu gehen.

Würdest du so mit einem Freund reden?

Würdest du einen Freund, der gerade nicht weiterweiß, anherrschen? Würdest du ihn als doof, blöd, erbärmlich oder faul beschimpfen?

Würdest du einen Freund antreiben, immer noch mehr zu leisten, obwohl du siehst, dass er dringend eine Pause braucht?

Würdest du dich über sein Äußeres lustig machen?

Würdest du ihm einen Fehler, den er vor Urzeiten einmal begangen hat, immer und immer wieder aufs Brot schmieren?

Würdest du all seine Träume platzen lassen, indem du ihm sagst, er sei nicht gut genug oder verdiene etwas nicht?

Nein, nein und nochmals nein.

Das würdest du bestimmt nie tun. Ganz einfach, weil es gemein wäre – geradezu grausam. Du trittst ja auch niemanden, der schon am Boden liegt. Bei so viel Gemeinheit könnte gar keine Freundschaft wachsen.

Zu uns selbst sind wir aber immer wieder so grausam. Wenn wir am Boden liegen, treten wir uns selbst ständig, immer und immer wieder. In einer solch giftigen Atmosphäre können *wir* nicht wachsen.

Wir verdienen genauso viel Mitgefühl, Freundlichkeit, Geduld, Empathie und Ermutigung, wie wir anderen so selbstverständlich entgegenbringen. Deine neue Faustregel sollte ab jetzt lauten: Wenn du so nicht mit einem Freund reden würdest, dann rede auch nicht so mit dir. Sei in allen Gedanken, Taten und Entscheidungen dein bester Freund. Du verdienst es aufzublühen.

Und nein, die Umstellung wird dir nicht leichtfallen, denn es ist nie leicht, neue Gewohnheiten anzunehmen. Aber die Mühe lohnt sich, denn Freundlichkeit verzaubert alles – wie eine Prise Feenstaub.

Du gibst dein Bestes

Es ist schon merkwürdig, was wir uns da antun: Wir messen uns an vorbildlichen, schwindelerregend hohen Standards. Unabhängig davon, was wir gerade durchmachen und womit wir uns rumschlagen: An unseren Messlatten und Erwartungen an uns selbst halten wir eisern fest – und geißeln uns, wenn wir die Ansprüche an uns selbst nicht erfüllen.

Um das hier mal klipp und klar auszusprechen: Das ist der Inbegriff von Gemeinheit und zeugt von einem gravierenden Mangel an Mitgefühl, Empathie und Geduld. Niemals würdest du jemand anderen, der gerade schwere Zeiten durchmacht, so behandeln.

Niemand kann immer gut drauf und energiegeladen sein. *Niemand.*

Das Leben ist eine ständige Achterbahnfahrt. Höhen und Tiefen wechseln sich ab wie die Jahreszeiten in der Natur. Auf kahle, gnadenlose und stürmische Phasen folgt plötzlich ein laues Lüftchen, und alles läuft mühelos.

Und wir? Wir müssen uns flexibel an die Jahreszeit anpassen, in der sich unser Leben befindet. Die Sonne will gerade nicht scheinen? Dann vergiss die Vorstellung, du müsstest in Bestform sein, und *gib dein*

Bestes. Relativiere die Erwartungen an dich selbst, wenn deine Umgebung gerade kein Aufblühen zulässt – wir erwarten von der Natur ja auch nicht, dass im Januar die Rosen blühen.

Die Gefahr von hohen Ansprüchen an uns selbst ist, dass wir selten einen Plan B haben. Wir schrauben sie in aller Regel nicht herunter, wenn Unvorhergesehenes unsere Pläne durchkreuzt. Wir hetzen immer weiter, anstatt innezuhalten, eine Bestandsaufnahme zu machen und uns neu auszurichten. Wir übersehen, dass das erhoffte Ergebnis nicht deswegen nicht eintrat, weil wir nicht gut genug waren, sondern aufgrund der unzähligen Facetten, die wir unmöglich kennen oder berücksichtigen hätten können. Wenn sich die Umgebung unerwartet ändert, dürfen auch wir uns unerwartet ändern und unsere Ziele, Fristen, Pläne und Träume anpassen. Du brauchst nicht alles über den Haufen zu werfen oder aufzugeben, du solltest dir nur ein wenig Spielraum lassen.

Sei bitte nicht so hart zu dir selbst.

Relativiere
die Erwartungen
an dich selbst, wenn
deine Umgebung
gerade kein
Aufblühen zulässt.

Überschütte dich mit Freundlichkeit

Momentan ist »Selbstliebe« in aller Munde. Selbstliebe bedeutet, sich vollständig zu akzeptieren und so zu lieben, wie man ist, im Hier und Jetzt – ein wunderbares Konzept. Aber solange wir uns in den dunklen Tiefen schlimmer Zeiten befinden, neigen wir dazu, uns nicht übermäßig toll zu finden. Uns selbst zu lieben scheint in solchen Phasen weit entfernt. Wahrscheinlich schaffen wir es noch nicht einmal, uns einigermaßen zu mögen.

Wie in aller Welt soll uns dieser gewaltige Sprung zu Selbstliebe gelingen, wo es uns doch kaum gelingt, uns selbst zu mögen?

Indem wir uns tagtäglich mit Freundlichkeit überschütten, selbst wenn wir sie nicht zu verdienen glauben. Ganz besonders, wenn wir sie nicht zu verdienen glauben. Wir üben, üben, üben, und dann üben wir weiter.

Denn dann sprechen unsere Gesten der Freundlichkeit uns selbst gegenüber eine deutlichere Sprache als all die Gemeinheiten, die wir uns sagen.

Es geht darum, neue Regeln, eine neue Wirklichkeit zu erschaffen, neue Gewohnheiten anzunehmen, die unterstützen, wer wir sind. Das mag sich merkwürdig anfühlen, es fällt uns schwer. Wir haben nicht gelernt, gut zu uns zu sein, deshalb erscheint es aufgesetzt und unaufrichtig. Aber sei gewiss: Es funktioniert.

Freundlichkeit dir selbst gegenüber bedeutet:

Du nimmst dir, was du brauchst.
Du akzeptierst, was du fühlst.
Du ziehst Grenzen und behauptest sie.
Du verabschiedest dich von giftigen Umgebungen.
Du achtest darauf, wie du im Geiste mit dir sprichst.
Deine Beziehungen bedeuten dir etwas.
Du klinkst dich bei Bedarf aus.
Du trinkst genug Flüssigkeit.
Du bittest um Hilfe.
Du nimmst Hilfe an.
Über den Tag verteilt warten tröstende und
beruhigende Fixpunkte.
Du legst Pausen ein.
Du ersetzt die durchlöcherten Hausschuhe.
Du gönnst dir etwas.
Du hältst dir Zeit für vergnügliche Dinge frei.
Du bist ehrlich.
Du feierst deine Erfolge, auch die allerkleinsten.

Den allermeisten von uns wird beigebracht, andere freundlich zu behandeln, und das beherrschen wir auch. Doch viel schwerer fällt uns, freundlich zu uns selbst zu sein. Glücklicherweise ist es nie zu spät, das zu lernen. Probiere es gleich heute aus! Fange klein an. Erstelle ein Minisystem der Freundlichkeit mit dir selbst, mit feststehenden Erinnerungen auf deinem

Smartphone oder in deinem Tagesplaner. Das mag fremd wirken in einer Welt, die uns aktiv ermuntert, gemein zu uns selbst zu sein und uns nicht zu mögen, aber Freundlichkeit ist eine dringend erforderliche Gewohnheit in deinem Interesse. Erst sie ermöglicht Mitgefühl und Reflexion.

Zweifellos *verdienst* du Freundlichkeit dir selbst gegenüber, auch wenn du das instinktiv abstreiten würdest.

Du verdienst es. Ja, ja, ja, ja, ja, ja, ja. Jeder verdient es.

6 Worte für Tage, an denen du das Gefühl hast, dich verirrt zu haben

Wenn du dich fühlst, als bräuchtest du dringend Kompass und Karte, um dich im Leben zurechtzufinden, dann ist dieses Kapitel genau das richtige für dich.

Die Lügen, die wir uns erzählen

Nichts schädigt unsere Beziehungen so sehr wie Lügen, egal ob wir selbst lügen oder angelogen werden. Lügen untergraben das Vertrauen, sie schaden unserer Integrität und Glaubwürdigkeit, sie schmälern den Wert und die Kraft unserer vergangenen und zukünftigen Worte. Die vielleicht schlimmsten Lügen sind diejenigen, die wir uns selbst erzählen. Denn sie bewirken, dass wir nicht im Einklang mit uns selbst leben. Wir lügen uns an, um faule Kompromisse zu rechtfertigen, die wir wieder und wieder und wieder eingehen. Wie oft lassen wir uns mit dem Strom treiben, obwohl uns der innere Kompass doch klar anweist, gegen ihn zu schwimmen. Das untergräbt unser Selbstgefühl und alles, was damit zusammenhängt: Selbstbewusstsein, Selbstwertgefühl, Selbstachtung. Wir tun alles, um Standards zu entsprechen, die andere aufgestellt haben, und fühlen uns dabei unaufrichtig.

Natürlich ist es ungesund, sich in die Tasche zu lügen. Wir ruinieren damit die Beziehung zu uns selbst und unser Selbstgefühl – genau so, als würden wir andere anlügen oder von anderen belogen werden. Wir beschädigen unsere eigene Integrität, Glaubwürdigkeit, unser Vertrauen in uns selbst und unterminieren die Versprechen, die wir uns selbst geben. Wir beginnen, an unserer eigenen Entschlossenheit und Motivation zu zweifeln, fühlen uns schon als Versager, bevor wir überhaupt loslegen.

Meist liegen unsere Lügen im Graubereich zwischen frommen (zum Nutzen anderer) und echten Lügen (zum eigenen Nutzen), und oft genug lügen wir eher mit Taten als mit Worten. Wenn wir etwa unser Licht unter den Scheffel stellen, damit andere sich wohler fühlen. Wenn wir unsere Leistungen abtun, um nicht angeberisch zu wirken. Wenn wir Ja sagen, obwohl wir Nein meinen, beziehungsweise Nein, obwohl wir Ja meinen. Wenn wir uns weismachen, das nächste Mal würden wir es anders machen, und dann machen wir doch wieder unseren alten Stiefel. Wenn wir andere um Rat fragen, obwohl wir die Lösung längst wissen. Wenn wir unsere Prioritäten hintanstellen, um andere vorzulassen. Wenn wir ein Lächeln aufsetzen, um ein Stirnrunzeln oder Tränenspuren zu kaschieren. Wenn wir nicht auf unsere Instinkte oder unser Herz hören.

Dabei hat das Bauchgefühl ungeheure Bedeutung. Folge deinem Herzen eher als deinem Verstand. Sei hundertprozentig und absolut aufrichtig in allem, was du bist und nicht bist.

Mach dir das zu eigen. Akzeptiere, wer du bist, ohne Urteil, Selbsttäuschung, Kritik. Sei dir selbst treu.

Dein inneres Navigationssystem

Da gibt es dieses Gefühl, wir wären irgendwo falsch abgebogen, hätten einen Fehler begangen und wüssten nicht mehr recht, was wir hier tun. Vielleicht fühlst du dich unbeteiligt, desorientiert und hast keinen Schimmer, was du als Nächstes tun sollst. Möglicherweise suchst du irgendwo da draußen nach Antworten, vergleichst dich zwanghaft mit anderen und hast das Gefühl, du wärst irgendwie ungenügend. Ja, es fühlt sich nicht gut an, so etwas zu fühlen, aber es ist ziemlich normal. Menschen zeigen diese Seite ihres Inneren bloß nicht gern. In einer Welt voller Meinungen, Kulturen, gesellschaftlichen Verhaltensnormen, aber ohne fertigen Plan, der uns bei der Geburt überreicht würde, ist es ganz normal, dass wir uns gelegentlich verirren. Sogar sehr oft.

Aber wir verfügen über eine Art angeborenes Navigationssystem, einen Leitstrahl, der uns zeigt, welche Entscheidungen richtig für uns sind. Körper und Geist teilen uns mit, wann wir hungrig oder durstig sind, sie teilen uns aber auch andere nützliche Dinge mit (auch wenn sie ab und zu nicht nützlich erscheinen). Wut, Ärger, Frust, Einsamkeit oder ein Gefühl von Überforderung – all das zeigt uns, dass irgendwas aus dem Ruder gelaufen ist.

Solange wir Kleinkinder sind, funktioniert unser Navigationssystem prächtig. Wir drücken lautstark und ganz ungefiltert aus, was wir brauchen. Doch dann schwächt sich das GPS-Signal immer stärker ab, wir lernen, weniger darauf zu vertrauen und es einfach den anderen nachzutun. Es beginnt mit unserer Erziehung: Man »zeigt« uns den Weg – die Schule spielt dabei eine große Rolle; wir sind von Gleichaltrigen und Lehrern umgeben, die uns dazu zwingen, das zu lernen, was wir laut Lehrplan lernen sollen. Der Gruppendruck, den wir als Schüler erleben, hört nie auf, denn wir sind soziale Wesen. Bis zum Erwachsenenalter haben wir dann gründlich verlernt, unseren Instinkten zu vertrauen. Das neu zu lernen und wieder auf unsere Instinkte zu hören erfordert jahrelange Übung.

Ist es da verwunderlich, wie oft wir uns verloren und ziellos treibend vorkommen?

Doch das Gefühl von Verlorenheit bietet dir eine riesengroße Chance: dich neu auszurichten.

Versuche, dich nicht in diesem Gefühl zu verlieren. Man biegt manchmal unweigerlich falsch ab, wenn man seinen eigenen Weg geht. Das ganze Leben besteht zum guten Teil aus Versuch und Irrtum, und Wachstumsschmerzen zeigen uns an, was für uns nicht passt – nicht weil wir es nicht wert wären oder weil wir nicht gut genug wären, sondern weil *diese Dinge nicht gut genug für uns sind*. Nimm dir Zeit für eine Pause und mach dich dann daran, in dich hineinzuhören, was *du* brauchst und was für *dich* die richtige Entscheidung ist.

Eine der besten Methoden dafür besteht darin, eine Liste von drei Dingen aufzustellen, die du in der nächsten Stunde, bis morgen oder bis in einer Woche gern erreichen würdest, und dir dann jeweils einen Schritt zu überlegen, der dich diesen Zielen näher bringt. Diese Schritte können ganz klein sein, zum Beispiel einfach vom Sofa aufzustehen! Notiere sie in deinem Tagebuch oder Kalender, damit du merkst, dass du allmählich deinen Weg findest.

Du darfst
dich ruhig zigmal
umentscheiden,
bis du den
für dich richtigen
Weg gefunden hast.

Dreh deine Lautstärke hoch

Es ist wunderbar, sich wahrgenommen, gehört und verstanden zu fühlen.

Aber weißt du, was noch mehr bringt? Sich selbst wahrzunehmen, zuzuhören, zu verstehen. Denn das vergessen wir nur allzu oft.

Denk nur an all die Male, als du dich wider besseres Wissen zu etwas breitschlagen ließest, das dann ziemlich in die Hose ging. Die Male, als dich jemand um etwas bat und du einwilligtest, obwohl dein Magen dabei schwer grummelte. Die Male, da du dir einen Kommentar verkniffst, um Streit zu vermeiden, dir die Situation hinterher aber endlos im Kopf blieb und dich quälte. All die Male, da Bauchgefühl und Instinkt dir eines sagten, du aber das Gegenteil machtest.

Du weißt nämlich ganz genau, was für dich am besten ist, wenn du nur auf dich hörst. Drehe notfalls deine innere Stimme lauter.

Es wird Gelegenheiten, Entscheidungen, Optionen und Ergebnisse geben, die dich aufrichten, dir einen Energieschub geben, dich anregen und mit ihren Möglichkeiten faszinieren. Umgekehrt wird es auch Gelegenheiten, Entscheidungen, Optionen und Ergebnisse geben, die dir das Gefühl geben, eingesperrt zu sein, in eine Ecke gedrängt, von Zwängen und Vorschriften an der Selbstentfaltung gehindert zu werden.

Hast du erst einmal angefangen, auf deine innere Stimme zu achten, wirst du sie nie wieder ignorieren wollen. Denn die Stimme ist weise, steht unerschütterlich auf deiner Seite und möchte immer, dass du glücklich bist. Und nein, ich meine hier nicht das ängstliche Stimmchen, das sich manchmal meldet. Ich rede von instinktiven Reaktionen, die wir so oft ignorieren, von Träumen und Hoffnungen, die nicht verschwinden wollen, wie sehr wir uns auch von ihnen abwenden, von all den schwindelerregenden Ideen, die dir unter der Dusche kommen – das ist die Stimme, die ich meine. Und du hast eine solche Stimme, wir alle haben eine, und jetzt wird es Zeit, dieser Stimme zuzuhören.

Achte auf deine innere Reaktion, wenn du um etwas gebeten wirst beziehungsweise jemanden um etwas bittest. Achte auf sich regenden Neid und das Flüstern deines Herzens. Halte dich an all das, was dir Auftrieb gibt und Freude macht. Höre und fühle die Dinge, die du liebst, und drehe ihre Lautstärke so hoch, wie du es wagst.

Du brauchst keine Erlaubnis

Andere Menschen halten selten mit ihren Meinungen, Ansagen und Ansichten, wie wir zu leben hätten, hinter dem Berg.

Nicht selten verstecken sie ihre Urteile hinter vorgeblicher Neugier:»Na, ihr feiert ja bald den zweiten Hochzeitstag. Und, ist schon was Kleines unterwegs?«

Oder hinter Überraschung:»Du brichst das Studium ab und machst was?«

Oder hinter dem altbekannten»An deiner Stelle würde ich ...«.

Alles unerbetene Ratschläge oder versteckte Urteile, auch wenn sie vielleicht mit Glasur, Streuseln und Kirschen darauf verziert sind.

Oft genug tun wohlmeinende Verwandte auf diese Weise kund, was sie von unseren Lebensentscheidungen halten. Aber unerbetene Ratschläge und Kommentare können von überallher kommen: von Freunden, Nachbarn, aus Zeitschriften, sozialen Medien und, und, und.

Mitunter fühlt es sich sehr belastend an, wenn wir in uns gesetzte Erwartungen enttäuschen. Wenn wir nicht dem»Masterplan« für unser Leben entsprechen (als hätte jeder ein Handbuch fürs Leben bekommen, das wir aber nicht sehen dürfen). Wenn wir andere enttäuschen. Tatsächlich spüren wir diese Angst gelegentlich so massiv, dass wir unser wahres Ich verstecken. Wir verbergen unsere Wahrheit, weil wir uns vor den Konsequenzen fürchten.

Mal ganz offen: Diese ewig gleiche Nummer kennen wir alle bestens. Sie schmerzt, sie verursacht Reibungen, wir fühlen uns unaufrichtig, orientierungslos, wütend – weil sie uns »auf Linie« hält, was auch immer das bedeuten mag. Unglücklich macht sie uns auch.

Ganz oft geben andere ihre Bemerkungen, Blicke, Kommentare und Urteile von sich, weil sie selbst etwas bedauern, weil sie Kontrolle ausüben wollen oder von Annahmen ausgehen, die deinen nicht entsprechen. Zieh dir diesen Schuh nicht an.

Du verdienst viel Besseres. Absolut. Wir alle verdienen es, aufs Ganze zu gehen und unser Leben so aufrichtig, authentisch und frei zu gestalten, wie es nur menschenmöglich ist.

Dafür brauchen wir nur eine Erlaubnis: von uns selbst. Wir dürfen unseren eigenen Weg gehen.

Wir sind alle Anführer

Wenn wir »Anführer« hören, denken wir an Staatenlenker, Spitzenmanager, an Greta Thunberg, an geniale Erfinder oder Menschen, die andere führen – ob sie nun beeindruckend sind, verwirrend oder gruselig. Dabei übersehen wir aber, inwiefern wir selbst in der Gesellschaft Führungsrollen innehaben. Den meisten von uns käme es nie in den Sinn, sich als Anführer zu betrachten.

»Ich, ein Anführer?«, fragst du ungläubig. Ja, du. Absolut und unzweideutig.

Sobald du nur den geringsten Einfluss auf dein Umfeld hast, bist du ein Anführer. Ob du Menschen nun auf den Holzweg führst (was ich sehr bezweifle, aber manche Menschen tun das) oder sie auf eine Weise leitest, die sie inspiriert, motiviert, ermutigt und instruiert, du bist ein Anführer.

Wenn deine Worte je die Augen eines anderen zum Lächeln gebracht haben, einen Schwachen gestützt oder ein Kind ermutigt haben, es noch einmal zu versuchen, wenn sie Schmerz gelindert und getröstet haben, Hoffnung geweckt oder die Glut von Träumen angefacht haben, wenn du die Hand ausgestreckt und jemandem geholfen hast, jemandem in Not Mitgefühl erwiesen, jemandem in der Dunkel-

heit die Hand gehalten hast, dann bist du ein Anführer.

Nicht hochtrabende Titel machen den Anführer
aus, sondern Energie, Hingabe, die Art des Kommu-
nizierens, die Fähigkeit, Menschen zu trösten oder zu
begeistern. Führungsqualität zeigt sich im Einfluss,
den wir auf andere haben – auf Gleichrangige, auf
Kinder, Kollegen, unsere Gemeinde, unsere Mann-
schaften und unsere Länder –, sie zeigt sich darin,
wie verantwortlich und behutsam wir ihn nutzen und
wie sehr wir ihn zu schätzen wissen.

Inmitten einer Welt, die immer mehr zu zerfasern
scheint, solltest du immer im Auge behalten, welchen
Einfluss du möglicherweise auf dein Umfeld ausübst.

Verwandle Hilflosigkeit in Hilfsbereitschaft.
Handle so, dass deine Taten lauter sprechen als
deine Worte.
Nutze deinen Einfluss mit besten Absichten.
Rede lieber offen mit anderen Menschen, anstatt
sie zu manipulieren.
Zeige immer Einfühlungsvermögen, tue niemals
die Gefühle anderer ab.
Gib weiter, was du gelernt hast.
Biete anderen für ihre Zukunft an, was du aus der
Vergangenheit gelernt hast.
Hilf anderen, die weniger Glück haben, auf die
Sprünge.
Unterstütze, ermutige, fühle dich ein und wähle
deine Worte mit Bedacht.

Wenn deine Worte je die
Augen eines anderen zum
Lächeln gebracht haben, einen
Schwachen gestützt haben, wenn
du je jemandem in Not
Mitgefühl erwiesen oder
jemandem in der Dunkelheit
die Hand gehalten hast,
dann bist du ein Anführer.

7 Worte für Tage, an denen du das frustrierende Gefühl hast festzustecken

Wer dieses Kapitel aufschlägt, fühlt sich wahrscheinlich gerade unzufrieden, mutlos, wütend oder ratlos. Vielleicht liefert es ja die entscheidenden Hinweise für eine Lösung.

Goldnuggets der Rückschau

Unsere Lehren aus der Vergangenheit sind Gold wert, für uns ebenso wertvoll wie für andere. Wir verfügen über einen großen Wissensschatz darüber, was für uns funktionierte und was nicht. Es gibt einen weitverbreiteten Reflex, der einsetzt, wenn wir nach einem Tiefschlag des Lebens nicht mehr weiterwissen: Selbstzweifel wuchert wie ein Geschwür. Eine innere Stimme zählt all die Dinge auf, die wir anders hätten machen können oder sollen. Wir geben uns selbst die Schuld, kasteien uns dafür und zweifeln an unserem Bauchgefühl, unserer Intuition, unseren Erfahrungen und unserer Intelligenz. Wir verlieren das Vertrauen in die Person, der wir am allermeisten vertrauen dürfen – uns selbst.

Na ja, aber wir haben uns ja in unsere aktuelle Krise hineinmanövriert, oder? Die Lage scheint grässlich, ausweglos, fürchterlich. Wir fühlen uns wie durch die Mangel gedreht, gefesselt, hilflos. Doch wir müssen uns immer vor Augen halten, dass auch diese Krise absolut lösbar ist.

Es sind zwei Paar Schuhe, ob wir nachdenken und aus der Vergangenheit lernen oder ob wir all unsere Handlungen zerpflücken und bedauern. Der Blick zurück kann uns nach vorn katapultieren – oder uns ein Bein stellen. Endloses Grübeln, Selbstvorwürfe und ewiges Nachtrauern halten uns in der Vergangenheit gefangen. All das kostet uns Energie, Motivation und Denkvermögen, das wir dringend für das Finden einer Lösung benötigen würden.

Oder wir nutzen die Rückschau als nützliches Instrument zu unserer Befreiung. Wir können zurückblicken und erkennen, dass unsere Vergangenheit voller Goldnuggets steckt, weil sie uns deutlich zeigt, was für uns funktionierte und was nicht. Ebenfalls wichtig: In der Rückschau erkennen wir auch, dass wir schon viele Male feststeckten, uns aber irgendwie immer wieder befreiten.

Ändere das Narrativ

Hast du je Radio gehört, und plötzlich erklang eine Melodie, die du seit Ewigkeiten nicht mehr gehört hattest? Du stimmst mit ein und merkst, dass du nach all den Jahren den Text noch beherrschst.

Unser Gedächtnis ist etwas Merkwürdiges: An den Text eines Liedes aus Urzeiten erinnern wir uns noch, was wir aber letzten Montag gefrühstückt haben, ist uns entfallen. Wir erinnern uns genauestens an einen Blick oder Wort für Wort an eine Bemerkung, die uns vor ewigen Zeiten verletzte, aber wir vergessen, den Brief mitzunehmen, den wir direkt neben die Wohnungstür gelegt haben.

Ist dir schon mal aufgefallen, dass wir uns vor allem an unsere Höhe- und Tiefpunkte erinnern? Nicht an das Alltägliche, das graue Einerlei. Interessanterweise unterscheiden sich die Erinnerungen von Freunden und Angehörigen an gemeinsame Erlebnisse oft radikal von unseren eigenen. Das sollte uns zu denken geben: Gut möglich, dass wir den Dingen ganz andere Bedeutung zumessen und sie mit anderen Gefühlen verbinden als unsere Mitmenschen.

Unser Blickwinkel ist von unserer Vorgeschichte geprägt, unseren Erfahrungen, unserer Kultur, unserer Erziehung. Das Beste an Blickwinkeln ist aber, dass wir sie jederzeit ändern können. Wir verfügen über diese tolle Fähigkeit, Dinge aus verschiedenen Perspektiven zu betrachten. Und damit das Narrativ zu ändern.

Das ist mit »über den Tellerrand hinausdenken« gemeint: Wir betrachten etwas aus einem anderen Blickwinkel, um Probleme zu erkennen und Lösungen zu finden.

Und das können wir alle. Wir alle bleiben gelegentlich stecken. Das gehört zum Wachstum, zum Leben, und es ist ganz natürlich. Manchmal hilft es, darüber zu reden (geteiltes Leid ...), manchmal fragen wir um Rat, lesen Bücher oder sehen uns YouTube-Filme an (was uns eine neue Perspektive verschafft), manchmal fallen uns Lösungen ein, während wir unter der Dusche stehen oder irgendwas tun, das mit unserem »unlösbaren« Problem in keinerlei Zusammenhang steht.

Steckst du gerade fest? Schon länger? Dann lautet die Frage, was du tun, mit wem du reden kannst, um einen neuen Blickwinkel auf deine Lage zu gewinnen. Was kannst du versuchen, das du noch nie probiert hast (vielleicht weil du es als »nichts für dich« abgetan hast, ohne es wenigstens mal zu versuchen)? Wie kannst du das Narrativ ändern, das du dir selbst erzählst?

Du wirst nicht ewig feststecken. Vergiss nie, dass alles irgendwann vorübergeht – das Gute, das Schlechte und auch das Hässliche.

Wir alle bleiben
gelegentlich stecken.
Das gehört zum
Wachstum, zum Leben,
und es ist
ganz natürlich.

Vielleicht braucht es einen neuen Zusammenhang

Während wir hochfliegende Ziele verfolgen oder unsere Träume erfüllen, bersten wir geradezu vor Motivation. Voller Leidenschaft rechnen wir von der Erfüllung unseres Traums zurück, unterteilen den Weg dorthin in kleinste Schritte und bewegen uns dann Tag für Tag, Schritt für Schritt darauf zu. Möglicherweise schweifen wir vom ursprünglichen Pfad ab und müssen die Richtung korrigieren, möglicherweise brauchen wir Hilfe, aber das gehört doch alles zum Vergnügen, seine Träume zu verwirklichen, oder? Nie würden wir annehmen, wir könnten unsere hochfliegenden Ziele über Nacht erreichen. Wir sind uns bewusst, wie viel Arbeit vor uns liegt, wie sehr wir uns noch weiterentwickeln und welch steile Lernkurven wir noch bewältigen müssen. Wir wissen genau, dass es anstrengend wird.

Bei Problemen jedoch ... Niemand mag Probleme, niemand strebt sie an. Sie nerven, frustrieren und lenken uns ab. Wie aus dem Nichts tauchen sie plötzlich auf und erfordern unsere gesamte Aufmerksamkeit, unseren ganzen Mut. Sie nerven ganz ungemein. Ach, und sie warten nicht, bis sie dran sind. Nein, sie fallen mit der Tür ins Haus und bringen uns zum Verzweifeln.

Dabei besteht zwischen Zielen und Problemen im Grunde kaum ein Unterschied. Beide erfordern Geduld, Anstrengung, Durchhaltevermögen, das Bewältigen von Lernkurven, das Überwinden von Hindernissen. Der Unterschied liegt allein darin, wie wir Probleme und Träume angehen. Unsere Ziele verfolgen wir mit Leidenschaft, Problemen nähern wir uns verschämt. Ziele suchen wir uns selbst aus, wohingegen Probleme uns zu finden scheinen. Bei der Verfolgung unserer Träume begleiten wir uns empathisch, taucht aber ein Problem auf, überhäufen wir uns mit Selbstkritik. Ziele zu verfolgen gibt uns das Gefühl, das Leben selbst in der Hand zu haben. Probleme hingegen scheinen uns die Zügel des Lebens aus der Hand zu reißen. In unserem Hirn tobt ein epischer Kampf zwischen Begeisterung und Genervtheit. Dabei lautet das Geheimnis: Es braucht genau die gleiche Einstellung, egal ob wir ein Ziel erreichen oder ein Problem bewältigen wollen.

Das bedeutet, dass wir unsere Herangehensweise an Probleme ändern müssen. Und es gibt absolut nichts, mit dem du nicht fertigwerden würdest. Ehrlich. Selbst wenn du gerade in übelsten Problemen steckst – du kannst und wirst sie überwinden.

Allerdings vielleicht nicht so schnell, wie du gerne würdest. Möglicherweise brauchst du Hilfe, und ganz bestimmt musst du ein paar Dinge dazulernen. Möglicherweise musst du beginnen, deine Probleme in einem anderen Zusammenhang zu betrachten oder ihnen einen anderen Namen zu geben. Aber du wirst sie überwinden. Langsam, aber sicher. Du schaffst es. Versprochen.

Das Geheimnis lautet:
Es braucht genau
die gleiche Einstellung,
egal ob wir ein Ziel
erreichen oder ein Problem
bewältigen wollen.

Die rosafarbene Brille

Das Schlimmste an geringem Selbstwertgefühl und geringer Selbstachtung ist, dass sie unseren Blick dafür trüben, wo wir im Vergleich zu anderen stehen, aber auch, wie andere uns sehen.

Diese Diskrepanz erzeugt ein Gefühl von Isoliertheit und Verwirrung, sie flüstert uns ein, wir wären als Menschen nicht gut genug.

Mit kritischem Blick betrachten wir, wer wir sind und was wir tun, geht es aber um unsere Lieben, ziehen wir die rosarote Brille auf und heben sie auf ein Podest. Solange wir es nicht schaffen, sie und uns durch die gleiche Brille zu betrachten, werden wir uns immer für unzureichend halten.

Wir fühlen uns in Gesellschaft auch sofort unbehaglich, wenn andere uns aufmuntern, trösten, bewundern, mögen und an uns glauben – all das widerspricht so vollkommen unserem Bild von uns selbst, dass wir fürchten, sie meinten einen ganz anderen Menschen als uns.

Doch dieser »andere Mensch« bist du. Was jeder Einzelne der anderen für dich ist, ein geliebter Mensch, das bist du für ihn. Dich macht es ja auch traurig, wenn ein geliebter Mensch sich selbst zerfleischt und Gutes nicht zu verdienen glaubt. Und doch fällt es uns so schwer, uns das gleiche Mitgefühl und die gleiche Freundlichkeit entgegenzubringen wie anderen.

Eine derart hartherzige Einstellung uns selbst gegenüber beeinträchtigt absolut alles: unsere Gedanken, Entscheidungen, Taten, Worte und den Blick in die Zukunft. Das trägt dann zu unserem Gefühl bei festzustecken, eingeschränkt zu sein oder einfach nicht über das nötige Rüstzeug zu verfügen, um etwas Bestimmtes zu schaffen, zu sein oder zu haben.

Diese Perspektive zu ändern ist ungeheuer schwer. Gewohnheiten lassen sich bekanntermaßen nur schwer überwinden. Unser Gehirn, so großartig es auch ist, arbeitet mitunter gegen uns. Der Kampf überzeugt uns, dass wir von Anfang an recht hatten: dass wir ungenügend sind und nichts Gutes verdienen. Aber das ist totaler Blödsinn.

Absolut jeder (ja, auch du) verdient Gutes: Gesundheit, Glück, Freude, die Erfüllung seiner Träume und Selbstverwirklichung. Vergiss nie: Wenn etwas für »andere« gilt, gilt es auch für dich. Das ist eines dieser universell gültigen Gesetze (und wir verdienen nicht etwa weniger, weil wir ab und zu Fehler begehen – wir ALLE machen welche; Fehler ermöglichen uns dazuzulernen und vermindern unseren Wert als Mensch nicht im Geringsten).

Wenn wir uns im Hamsterrad gefangen fühlen, die kritischen Gedanken dröhnen und Selbstzweifel uns erdrücken, müssen wir versuchen, den Spieß umzudrehen. Das gelingt uns, indem wir den Rat annehmen, den wir anderen geben würden. Es gelingt uns, indem wir Selbstzweifel anerkennen, ihnen aber nicht die Befriedigung geben, ihnen zu glauben (sie haben fast nie recht). Und wenn wir den Glauben an uns nicht selbst aufbringen, dürfen wir ihn uns von anderen leihen.

Wenn wir die rosafarbene Brille für den Blick auf uns selbst verloren haben, dürfen wir uns die Brille eines anderen leihen.

»Könnte« statt »sollte«

So vieles im Leben entzieht sich unserer Kontrolle: Verkehrsstaus, Verhalten und Entscheidungen anderer Menschen, der Lehrplan, die Gesundheit anderer – unendlich vieles. Dieser Umstand führt uns oft auf einen Holzweg, auf dem die Pflanzen der Hoffnungslosigkeit und der Hilflosigkeit so üppig wuchern, dass sie uns den Blick versperren – den Blick auf den Weg vorwärts. Und doch gibt es so viel, das wir tatsächlich beeinflussen können, bei dem wir mitreden, mitlenken und entscheiden dürfen.

Doch als Gewohnheitstiere haben wir uns vielleicht angewöhnt, wichtige Entscheidungen (mitunter ganz unbewusst) an andere zu delegieren – und uns dann in dem Gefühl zu suhlen, wir zählten ja eh nicht. Vielleicht fühlen wir – möglicherweise nur eingebildete – Erwartungen anderer auf uns lasten, vielleicht fühlen wir uns in alten Gewohnheiten und Traditionen oder im Hamsterrad gefangen und sehen keinen Weg, wie mal wieder etwas vorangehen könnte.

Doch der Pfad ist da, er ist nur von all den oben genannten Dingen überwuchert. Jenen Dingen, die uns den Blick vernebeln, plötzlich auftauchen, unser Leben in Beschlag nehmen, Stress erzeugen, uns zögern lassen. Der Kampf gegen all diese auftretenden Widerstände verlangt enorme Energie und Grips; und weil wir ständig zu kämpfen haben, halten wir uns für ungenügend, unfähig und einfach unzureichend.

Der Ausweg aus einer solchen Lage sieht so aus: Erst müssen wir neue Energie schöpfen, dann machen wir uns langsam daran, jene Dinge zu verändern, die unserer Kontrolle unterliegen. Glücklicherweise nehmen wir, kaum haben wir unsere Trägheit einmal überwunden, immer mehr Schwung auf, weil wir uns zunehmend wieder als Regisseur unseres Lebens begreifen.

Schlucke nicht einfach alles runter, halte nicht einfach die Klappe und lebe nicht das Leben, das ein anderer für dich bestimmt hat. Ersetze jedes »Sollte« durch ein »Könnte«, und du wirst bemerken, wie du angesichts der sich plötzlich auftuenden Möglichkeiten, was du alles tun *und lassen* darfst, gleich ein paar Zentimeter wächst.

Aus »Du solltest … machen« wird »Du *könntest* … machen«, und diese winzige Veränderung eröffnet dir Optionen, Alternativen und Ausstiegsmöglichkeiten und gibt dir Raum zum Atmen.

Befreie deinen Weg von allem »Solltest«, von allen Erwartungen und allem Übereifer, die ihn zuwuchern. Dazu brauchst du Werkzeug, Muskeln und Hilfe von außen. Finde eine Möglichkeit, die Hindernisse zu überwinden, dir einen anderen Pfad zu bahnen oder ganz die Richtung zu wechseln. Du allein bestimmst.

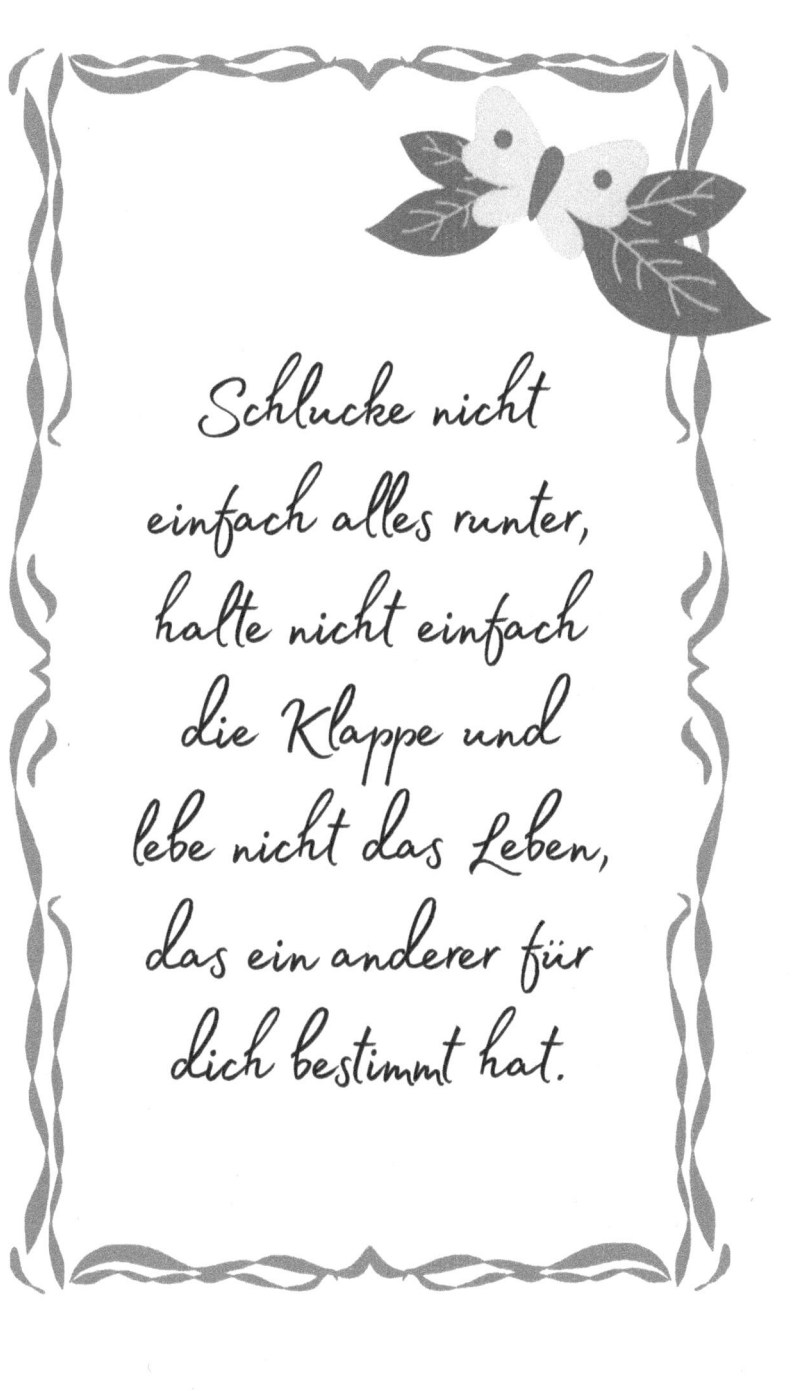

Schlucke nicht
einfach alles runter,
halte nicht einfach
die Klappe und
lebe nicht das Leben,
das ein anderer für
dich bestimmt hat.

Was bist du bereit, *nicht* zu tun?

Wir sind ein Haufen Träumer. So ist unser Gehirn nun mal verdrahtet. Seine fantasievolle Vorstellungskraft hilft uns, Probleme zu lösen, Neues zu erfinden und immer daran zu glauben, dass die Lage sich bessern kann und wird. Sie kann aber auch gewaltigen Frust verursachen.

Oft halten wir unsere Träume für zu hochfliegend, für unerreichbar, obwohl sie doch unserer eigenen Fantasie entspringen. Kennst du das, wie in deinem Gehirn sofort etwas anspringt, sobald etwas deinen Weg kreuzt, das auch nur entfernt mit deinen Träumen in Zusammenhang steht? Tief in dir drin weißt du also genau, was du dir wünschst. Warum tust du also nicht viel mehr, um es zu bekommen?

Wir wissen, dass wir planen, handeln und uns selbst verändern müssen, damit sich etwas ändert. Doch allein der Gedanke daran erschreckt uns. Wir fürchten uns nun einmal vor dem Unbekannten.

Aber denk nur einen Augenblick darüber nach: Dieser Traum, den du da hegst, ist ja gar nichts Unbekanntes. Ganz im Gegenteil steht er deutlich vor deinem geistigen Auge – der Traum ist klar umrissen und ganz real.

Vielleicht musst du auch gar nicht unbedingt etwas Neues »tun«, vielleicht reicht es ja, mal etwas *nicht* zu tun.

Achte sehr genau darauf, welche Entscheidungen du triffst.

Du möchtest ein Buch schreiben? Dann denk darüber nach, was du alles bereit bist *nicht* zu tun, um dir Zeit dafür freizuschaufeln.

Du möchtest einen Onlineshop aufmachen, um dein wunderschönes Kunsthandwerk zu verkaufen? Na, lass doch mal alles andere stehen und liegen, bis du bei den notwendigen Plattformen angemeldet bist und das Gerüst für einen eigenen Laden geschaffen hast.

Wir alle haben Wahlmöglichkeiten, und immer gibt es Optionen, die uns den ersehnten Zielen – Glück, ein neuer Job, ein Traum – näher bringen, und andere, die das nicht tun. Ganz einfach.

Also, was bist du bereit *nicht* zu tun, damit sich deine wunderbaren Fantasien besser entfalten können?

Glaube an dich

Wir alle haben »einschränkende Glaubenssätze«. Du und jeder Einzelne in deinem Umfeld. Einschränkende Glaubenssätze sind völlig normal und absolut überwindbar – allerdings können sie uns sehr beeinträchtigen, bis wir sie überwunden haben.

Bis vor wenigen Jahrzehnten galt es als unmöglich, die Meile in unter vier Minuten zu laufen. Doch ein Mann beziehungsweise, vielleicht noch wichtiger, ein Mann *und ein Team* hielten das für absolut machbar. Dieser Mann hieß Roger Bannister, und kaum hatte er 1954 den Rekord gebrochen, taten es ihm etliche nach. Er hatte fest daran geglaubt, dass er es schaffen könnte und würde. Und sein Umfeld glaubte ebenso an ihn.

Sein Umfeld glaubte ebenso an ihn.

Es gibt eine Dokumentation mit dem Titel *Kim schwimmt.* Sie handelt von der unglaublichen Freiwasserschwimmerin Kimberley Chambers, die 2015 vor der Küste San Franciscos 48 Kilometer weit schwamm. Sie war die erste Frau, der das gelang, und irgendwann werden andere es ihr nachtun (wenn das nicht schon geschehen ist). Kim glaubte, dass sie es schaffen könnte und würde. Und ihr Umfeld glaubte ebenso an sie.

Ihr Umfeld glaubte ebenso an sie.

Einschränkende Glaubenssätze sind Gedanken, mit denen wir uns Dinge ausreden, die wir gerne tun würden:

- *Ich bin nicht klug / reich / dünn / mit den richtigen Beziehungen gesegnet / jung / alt genug, um ...*
- *Vielleicht irgendwann mal ...*
- *Ich würde liebend gern ... machen, aber ich glaube nicht, dass ich das je könnte.*
- *Ich bin zu beschäftigt.*
- *Ich verdiene das nicht.*
- *Ich schaffe das nie.*
- *Solche Dinge glücken Menschen wie mir nicht.*

Vergiss nie, dass nicht nur du gelegentlich solche Gedanken hegst – allen um dich herum geht es nicht besser. Solche Gedanken kommen auf, wenn unser Selbstbewusstsein einen Knacks bekommen hat, wenn wir Schmerzen erlitten, Schrammen abbekommen haben und auf Hindernisse gestoßen sind, wenn wir nicht oder falsch gefördert wurden.

Sich von den eigenen einschränkenden Gedanken zu befreien heißt, sich bewusst für sich selbst zu entscheiden – für seine Hoffnungen, Träume, für sein Glück und sein Potenzial. Das ist mal ein mächtiger Akt von Selbstfürsorge!

Aber für die Menschen um uns herum können wir das nicht leisten, das müssen sie schon selbst tun. Was wir tun können, ist achtzugeben. Zu registrieren, wer in unserem Umfeld unsere Träume zu versponnen findet. Und dann gut aufzupassen, dass wir uns von ihnen nicht entmutigen und einschränken lassen. Achten wir auch darauf, wer uns anfeuert, anspornt, die Hand hält, hilft, aufbaut und an uns glaubt.

Achten wir in Zukunft auch besser darauf, was wir antworten, wenn uns jemand von seinen Träumen erzählt: Bauen wir den anderen auf, oder ziehen wir ihn runter? Das gilt für das wahre Leben ebenso wie für unsere Interaktionen im Internet.

Wir inspirieren andere, wenn wir die Latte höher legen und unsere eigenen einschränkenden Glaubenssätze überwinden. So wie Roger es mit der 4-Minuten-Meile tat. Oder Kim. Beide sind auch nur Menschen, wie du.

Lass dich nicht einschränken – du hast es in dir, im Übermaß.

Sich von den eigenen
einschränkenden Gedanken
zu befreien heißt,
sich bewusst für sich selbst
zu entscheiden —
für seine Hoffnungen,
Träume, für sein Glück
und sein Potenzial.

8 Worte für Tage, an denen es in Beziehungen schlecht läuft

Wenn du unruhige Beziehungsgewässer durchmisst und eine helfende Hand suchst, liegst du hier richtig. Hier findest du verständnisvolle Worte und Anregungen, die dich alles aus einem etwas anderen Blickwinkel betrachten lassen.

Das Leben ist nicht schwarz-weiß

Na ja, manchmal schon. Aber oft genug ist es ein Regenbogen-Stroboskoplicht-Kaleidoskop unterschiedlicher Perspektiven, Meinungen, Erfahrungen und Umstände. Denn als Menschen sind wir komplexe Wesen mit einem ganzen Haufen Erwachsenenkram am Hals.

Und das macht die Sache kompliziert. Denn genau darauf beruhen all unsere Beziehungen: auf einer sich stetig wandelnden, schwankenden Kombination dieser Dinge mit unendlich vielen möglichen Schattierungen und Komplexitäten und kniffligen Situationen. Wen wundert es da, dass Beziehungen verwirrend sein können?

Das Leben ist unübersichtlicher, ein sich immer in Bewegung befindender Tanz. Überall lauern Unterschiede, Zwischentöne und Möglichkeiten, einander misszuverstehen. Im Leben wimmelt es nur so von Annahmen, Enttäuschungen und Gefühlen. Es begegnen uns die unterschiedlichsten Persönlichkeiten und Gelegenheiten, wir alle wissen unterschiedliche Dinge.

Deswegen können Beziehungen so bereichernd, aber auch so verwirrend, verblüffend und oft verletzend sein. Und deswegen ist Kommunikation auch *alles*; wir können schlicht nicht erahnen, was andere denken, weil der Akt unseres Nachdenkens, was der andere wohl denkt, auf kognitiven Pfaden läuft, die von unseren ganz eigenen Sichtweisen, Meinungen, Erfahrungen und Umständen geprägt sind. So schwindelerregend das auch sein mag: Wir können schlicht nicht wissen, was in anderen Menschen wirklich vorgeht, selbst in denen, die uns am nächsten stehen, bis wir uns für sie öffnen und sie sich für uns.

Wir können raten. Klar, das können wir. Aber beim Spekulieren spielen immer *unsere* Unsicherheiten, *unsere* Gefühle, *unsere* Vergangenheit hinein, und diese Dinge bestimmen unseren Blick auf die jeweilige Situation. Jede Spekulation unsererseits ist von unzähligen Annahmen geprägt, und mit diesen liegen wir oft genug total daneben. Und stiften damit heilloses Chaos. Wir alle haben schon schlaflos dagelegen und haben uns ausgemalt, wie ein Gespräch laufen *könnte*. Wir stellen uns vor, was der andere uns bei der imaginären Unterhaltung sagen könnte, und das geht nie gut aus.

Wir können uns gar nicht vorstellen, was unser Gegenüber sich wünscht, wie seine Bedürfnisse aussehen, worüber er sich ärgert – und umgekehrt gilt das Gleiche. Lösen lässt sich das immer nur durch Kommunikation, sie allein zählt. Ohne faire, freundliche und mitfühlende Kommunikation wuchern die Annahmen, und dann wird es unschön. Dann reden wir aneinander vorbei und stehen hinterher mit mehr Fragen als Antworten da, frustriert statt befriedigt.

Erst Kommunikation ermöglicht, dass das Leben zum Mannschaftssport wird. Sie baut Brücken, erlaubt anderen, dir den Rücken freizuhalten, beendet die Raterei, fördert echte Kooperation und beseitigt die Beziehungsunsicherheit, auf die wir alle so gut verzichten können, weil es auf der Welt auch so schon genug Unsicherheit gibt.

Sprich ruhig aus, was dir wichtig ist, und hör dir mit offenem Herzen und Geist an, was dem anderen wichtig ist. Im Zweifelsfall: Rede darüber.

In Beziehungen geht es nicht ums Aufrechnen

Wenn jemand dir etwas Gutes tut oder Nettes sagt, drängt es dich dann instinktiv, die Freundlichkeit sofort zu erwidern? Spielst du wie beim Tischtennis die Freundlichkeit sofort wieder in die andere Hälfte, weil du nicht fähig bist, Freundlichkeit einfach anzunehmen, aber, bei Gott, nur zu bereit, sie auszuteilen? Kannst du Gutes, das dir jemand tut, nicht einfach dankbar annehmen, sondern fühlst du dich gezwungen, im Gegenzug mindestens etwas gleich Gutes zu tun? Oder kennst du umgekehrt jemanden in deinem Leben, dem es so geht?

In Beziehungen geht es aber nicht ums Aufrechnen. Wenn dir jemand aus reiner Freundlichkeit nette Worte, Zeit oder Energie schenkt oder etwas für dich tut, dann sollte das geschehen, weil er sich aus freien Stücken dafür entscheidet. Nicht, weil er sich dazu verpflichtet fühlt. Und ganz bestimmt nicht, weil er glaubt, er sei es dir schuldig und müsse dir etwas zurückgeben.

Wir alle kennen solche »geschäftsmäßigen« Beziehungen aus eigener Erfahrung, samt den damit verbundenen Unklarheiten über den aktuellen Saldo, der Verwirrung und der Ungewissheit. In solchen Beziehungen kann sich kein echtes Vertrauen entwickeln – denn jedes Vertrauen beruht auf der Bereitschaft zu geben, ohne dafür eine Gegenleistung zu bekommen.

Wenn du nur Liebe, Respekt und Freundlichkeit erfährst, weil du anderen etwas Wertvolles geben oder später einmal für sie nützlich werden kannst, dann musst du dringend neue Grenzen ziehen.

Und im umgekehrten Fall – du glaubst nur, Liebe, Respekt und Freundlichkeit zu verdienen, solange du anderen nützlich bist – musst du an deinem Selbstwertgefühl arbeiten.

Du verdienst Liebe, Respekt und Freundlichkeit. Punkt.

Du verdienst diese Dinge, weil du ein Mensch bist. Nicht dafür, was du menschlich tun könntest.

Was lässt du auf dir sitzen?

Es heißt, der letzte Tropfen bringt das Fass zum Überlaufen. Vielen kommt das vertraut vor: Auf einmal bricht sich eine Flutwelle an Emotionen Bahn, ausgelöst durch – allein betrachtet – eine Winzigkeit. Urplötzlich gehen wir in die Luft, wegen einer Kleinigkeit, die uns normalerweise nicht mit der Wimper zucken ließe.

Und wir spüren zentnerschweren Ärger, ausgelöst durch eine Winzigkeit, die wir sonst kaum wahrgenommen hätten: den letzten Tropfen.

Der letzte Tropfen bringt das Fass zum Überlaufen, weil wir schon bis zur absoluten Belastungsgrenze mit Krempel beladen sind, der sich im Lauf der Zeit angehäuft hat.

Dabei handelt es sich um die Schichten und Schichten und Schichten von Dingen, die wir auf uns sitzen ließen. Um all die Schmerzen, Wehwehchen und Unpässlichkeiten, derentwegen wir keine Arzttermine vereinbarten. Vielleicht ist längst zur »Norm« geworden, dass jemand sich uns gegenüber gemein verhält. Oder wir stellten die Bedürfnisse anderer vor unsere eigenen. Löchrige, ausgefranste, beschädigte, mit Klebeband reparierte Hausschuhe/Brillen/Tassen/Schlafanzüge.

Diese Dinge können uns das Gefühl geben, wir seien uns selbst abhandengekommen. Sie lassen uns zweifeln, ob wir noch wissen, wer wir überhaupt sind. Oft lassen wir diese Dinge schlicht aus Angst auf uns sitzen. Oder weil unser Gehirn Veränderungen hasst – es ist so verdrahtet, dass ihm das Vertraute gefällt; und so fühlen wir uns mit dem Bekannten wohler als mit dem Unbekannten. Oder weil es anstrengend sein kann, Grenzen zu behaupten, und wir schon erschöpft sind. Oder weil wir uns unwürdig fühlen.

Und so lassen wir uns alles Mögliche gefallen, bis irgendwann der letzte Tropfen das Fass zum Überlaufen bringt. Uns platzt der Kragen. Vielleicht bekommen wir uns schnell wieder in den Griff, aber diese Gelegenheiten brennen sich uns ein. Wir schämen uns, weil wir glauben, wir hätten völlig unverhältnismäßig reagiert.

Dabei stimmt das gar nicht.

Unsere Reaktion auf den »letzten Tropfen« gilt ja nicht nur dem letzten Tropfen, sondern lässt unsere ganze angestaute Emotion hinsichtlich der Gesamtsituation raus. Wir haben unsere Reaktion nur verzögert, bis uns der Kragen platzte.

Das Problem damit: Wenn wir so lange warten, häuft sich ein überwältigend wirkender Berg an Dingen an, die wir uns gefallen ließen. Dann bekommt man leicht das Gefühl, man müsse sein ganzes Leben über den Haufen werfen, alles sofort gelöst/angegangen/besprochen/verbessert werden.

Das ist zu viel. Und es erschreckt uns. Am liebsten würden wir uns unter einer dicken Decke vergraben.

Besser wäre es also, sich rechtzeitig um die kleinen Irritationen zu kümmern. Fällt dir eine Kleinigkeit ein, die du dir gefallen lässt? Etwas, das du in den nächsten Tagen tun/ansprechen/ändern könntest, um Abhilfe zu schaffen? Überwinde diese lästigen Gedanken, denen zufolge du unwürdig, wertlos, eine Nervensäge bist, und lasse deine Taten für dich sprechen. Denn du bist nichts von alledem. Du verdienst Besseres, du musst dir das nicht gefallen lassen. Ehrlich! Auch wenn du das selbst nicht glauben kannst.

Fangen wir also mit ganz kleinen Dingen an, den Mikrotaten, vor denen es uns nicht allzu sehr gruselt. Vereinbare zum Beispiel endlich einen Arzttermin, um über das zu reden, was dir psychisch zu schaffen macht. Oder bürste dir die Knoten aus den Haaren. Oder atme tief durch und stoße das Gespräch an, das schon längst überfällig ist. Nimm dir zwei Minuten und überlege dir eine Mikrotat für sofort. Und dann lege los!

Beziehungen sind
keine Einbahnstraßen

Im Leben geht es um Geben *und* Nehmen, stimmt's? Das haben wir alle schon gehört. Vielleicht sogar so oft, dass wir es für ein abgedroschenes Klischee halten. Dennoch bleibt der Satz natürlich wahr; auch die Physik kennt das Grundprinzip: Aktion gleich Reaktion. Das gilt für all unsere Beziehungen, denn niemand kann nur nehmen oder nur geben. Beziehungen sind keine Einbahnstraßen, sie beruhen immer auf Gegenseitigkeit.

Aber doch nicht immer, oder? Es gibt Zeiten, in denen wir nicht würdigen, wer wir sind, und das noch als Großherzigkeit oder Großzügigkeit schönfärben. Das Leben beschwört manchmal Situationen und Umstände herauf, in denen es Mut erfordern kann, seine Grenzen zu behaupten und seine Identität zu wahren. So viele Dinge machen es uns mitunter schwer, uns selbst zu behaupten: gesellschaftliche »Normen«, die vertraute, unausgesprochene Art, wie die Dinge immer liefen, der Wunsch, gemocht zu werden, die Angst, anderen auf die Zehen zu steigen, und Bedenken, Zustände zu hinterfragen.

Stattdessen verbiegen wir uns, verinnerlichen die Wünsche anderer, gehen Kompromisse ein und bleiben auf Linie. Wir sagen nicht, was wir meinen, und meinen nicht, was wir sagen, um nur ja keinen Staub aufzuwirbeln. Wir geben etwas von uns auf, um anderen das Leben zu erleichtern.

Vordergründig wirkt das nett und selbstlos, geschieht es aber wieder und wieder, verlieren wir irgendwann jedes Gefühl dafür, was uns selbst ausmacht. Wir versuchen, selbstlos zu sein, und werden doch nur uns selbst los.

Das Netteste, was wir für uns selbst und unsere Umgebung tun können, ist, uns selbst anzunehmen, unsere Vorlieben, Abneigungen, Wünsche, Bedürfnisse und unsere Identität. Uns keinem äußeren Druck zu beugen, sondern deutlich und ehrlich zu kommunizieren und uns nicht dafür zu entschuldigen, dass die Dinge zukünftig ein wenig anders laufen müssen.

Wir dürfen uns nicht von fremden Erwartungen vorschreiben lassen, was wir tun.

Wenn wir keinen Kartoffelbrei mögen, müssen wir ihn nicht essen.
Wenn wir finden, wir würden übervorteilt, dürfen wir beherzt das Steuer ergreifen und den Kurs ändern.
Wenn wir uns völlig ausgelaugt fühlen und uns die Augenlider zufallen, dürfen wir uns ausruhen.
Wenn uns jemand um etwas bittet, das wir nicht tun wollen, dürfen wir »Nein« sagen.
Wenn wir eine unkonventionelle Idee haben, dürfen wir gern hinterfragen, ob die Konventionen überhaupt Sinn ergeben.
Du möchtest den ersten Weihnachtsfeiertag im Pyjama verbringen? Mache es!

Es ist nicht egoistisch, nach einem klar kommunizierten Kompromiss zu suchen, der jedem – auch dir – erlaubt, gesund, glücklich und sich selbst treu zu bleiben. Inwiefern ermöglichst du (vielleicht unbewusst) anderen, all ihre Bedürfnisse zu erfüllen? Machst du ihnen das Leben vielleicht lachhaft einfach, während du selbst immer mehr brauchst und willst und verdienst? Egal wie sehr du andere auch magst oder liebst, egal wie sehr du sie dabei unterstützt, sie selbst zu sein – Beziehungen sind keine Einbahnstraßen.

Suche die Bestätigung
in dir selbst

Die Gier danach, bei anderen Bestätigung zu suchen, ist oft in der Erfahrung begründet, dass uns die benötigte Liebe und Aufmerksamkeit verweigert wurden. Also entwickelten wir Verhaltensmuster, die uns ganz hervorragend darin machten, es anderen recht zu machen.

Doch leider verschaffte uns das meist nicht das Lob, die Anerkennung, Liebe und Aufmerksamkeit, die uns so fehlte. Dabei hatten wir absolut nichts falsch gemacht – das ist ein ganz entscheidender Punkt: Die Menschen, die uns bedingungslos lieben, behüten und hegen sollten, hätten uns diese unerlässliche Liebe, Aufmerksamkeit und Freundlichkeit nicht versagen dürfen. Sie haben sich falsch verhalten, dich traf keinerlei Schuld. Liebe und Anerkennung wurden dir nicht versagt, weil du irgendwie mangelhaft gewesen wärst. Du bist nicht mangelhaft, unwürdig oder wenig liebenswert. Echt nicht. Absolut nicht! Das genaue Gegenteil trifft zu. Ehrlich.

Der andauernde Versuch, es anderen recht zu machen, tut unserem Rückgrat nicht gut. Er versetzt uns in ständige Alarmbereitschaft; immerzu suchen wir nach Gelegenheiten, uns einzumischen und jemandem einen Gefallen zu tun, Gutes zu tun, ihm zu helfen, ihn zum Lächeln zu bringen oder zu trösten. Mit der Zeit werden wir verdammt gut darin, so sehr, dass wir uns schlecht fühlen, wenn wir niemanden glücklich machen können. Das ist der schmerzhafte Teil daran, die Ohrfeige, der Grund, warum wir uns oft leer fühlen. Sobald irgendjemand nur andeutet, er sei ein winziges bisschen unzufrieden mit uns oder der Welt, beginnen sofort diese grässlichen Selbstvorwürfe mit »hätte«, »könnte«, »sollte«. Sofort springen wir auf, um alles zu kitten, egal ob wir etwas falsch gemacht haben, egal ob es uns überhaupt betrifft. Das bringt eine schlimme Asymmetrie in all unsere Beziehungen. Dabei zählt in Wirklichkeit nur eines: dass *du* deine Handlungen gutheißt. Sollte das nicht der Fall sein, reiß sofort das Steuer rum! Wer sich selbst verbiegt, um andere glücklich zu machen, gibt nach und nach immer mehr von sich auf. Und das ist jammerschade, denn du (so wie du im Innersten wirklich bist) bist wichtig, wirst genug gebraucht und verdienst Glück und Wertschätzung.

Überschütte dich selbst mit der Aufmerksamkeit, Liebe, Freundlichkeit, Bestätigung und dem Lob, nach denen du so dürstest, und schaffe den Raum, um umzulernen, dich umzuerziehen und wieder zu entdecken, wer du bist, ohne dieses Gummirückgrat.

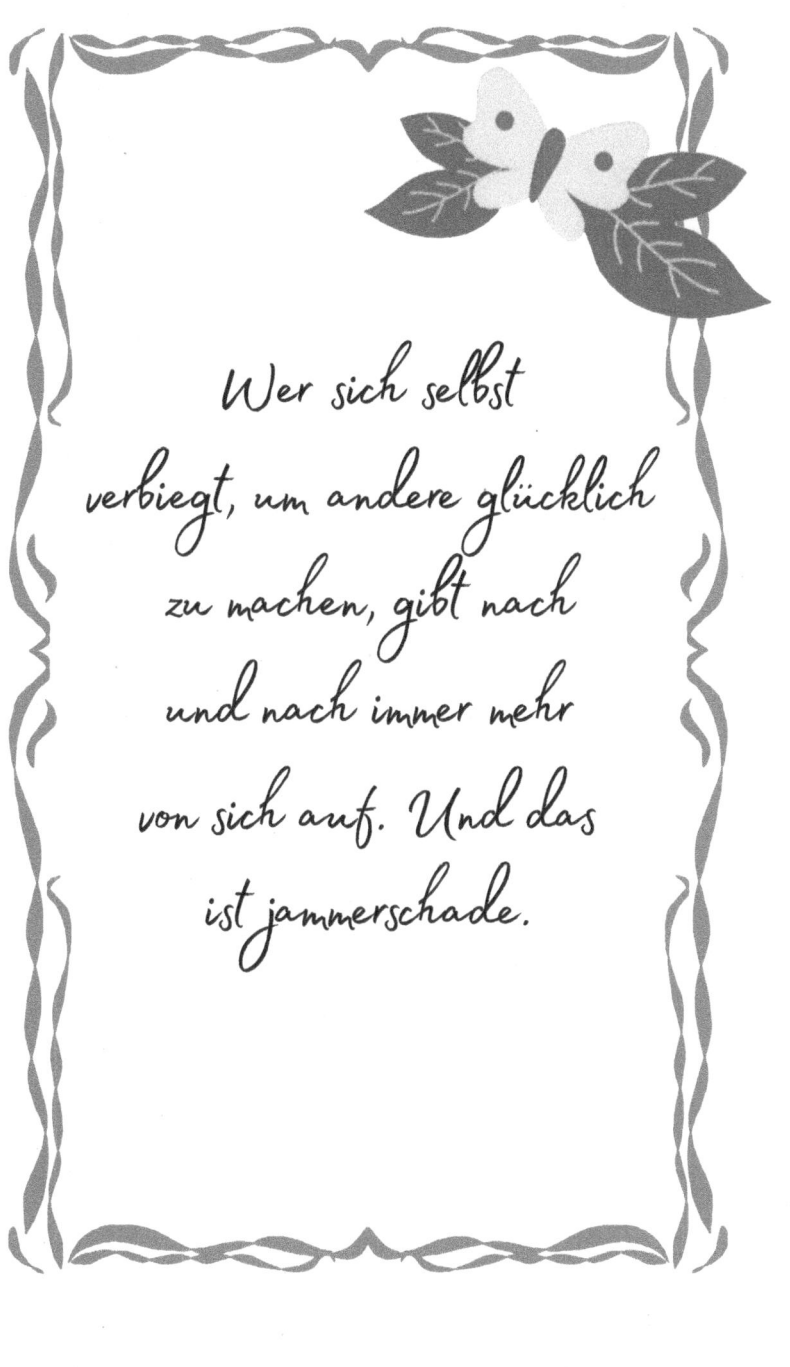

Wer sich selbst
verbiegt, um andere glücklich
zu machen, gibt nach
und nach immer mehr
von sich auf. Und das
ist jammerschade.

Es muss ein Geben und Nehmen geben

Edelmütig zu geben, darin sind wir Meister. Großzügigkeit ist gut fürs Karma, sie gibt uns ein gutes Gefühl. Eine edle Spende hilft nicht nur dem Empfänger, sondern kann auch im Gebenden eine Transformation bewirken.

Doch viele von uns versuchen noch weiter zu geben, obwohl ihr Tank schon leer ist, und vergessen, dass unser Karma nur darauf wartet, uns zurückzugeben, was wir anderen gegeben haben; Liebe, Zuneigung, Raum und Großzügigkeit.

Denn natürlich ist Geben lobenswert. Großzügigkeit ist nett, sie hilft Bedürftigen, und ohne sie würde die Welt noch viel mehr auf den Kopf gestellt.

Andererseits stellen wir *unsere* Welt auf den Kopf, wenn wir weiter zu geben versuchen, obwohl wir uns dazu gar nicht mehr in der Lage befinden. Und ich rede hier nicht von materieller Hilfe oder Geld, sondern von Zeit, Energie, Hoffnung, Aufmunterung, emotionaler Stütze und Denkkapazität – diese Dinge sind keine mystischen Ressourcen, die sich wundersam erneuern, während wir sie weggeben. Schön wäre es! Nein, sie werden einfach immer weniger, genauso wie verschenkte physische Dinge und verschenktes Geld.

Auch diese Ressourcen müssen wieder aufgefüllt werden, und dafür müssen wir uns mit dem Gedanken anfreunden, das anzunehmen, was wir brauchen. Das Problem besteht darin, dass Nehmen so negativ besetzt ist. Wir wollen ja keine Schmarotzer sein und anderen nicht als solche erscheinen. Nehmen fühlt sich einfach falsch an. So egoistisch. So gierig. Doch zu jeder Aktion gehört eine entgegengesetzte Reaktion gleicher Größe. Wenn jemand gibt, muss auch jemand nehmen. Und wenn jemand nimmt, muss auch jemand geben.

Denk nur an die Freude, wenn du einem anderen hilfst, ihm etwas gibst. Indem du anderen verwehrst, dir etwas zu geben, verwehrst du ihnen diese Freude. Gemein, oder?

Es wird einfach Zeit, dass du die Sache auch von der anderen Seite betrachtest. Hör auf, dich als Bürde, als unwürdig zu betrachten. Betrachte die Sache lieber so: Du öffnest den Kanal, sodass die Freude am Geben in beide Richtungen fließen kann. Vielleicht fällt es dir dann nicht mehr so schwer, um Hilfe zu bitten.

Auch du brauchst ein offenes Ohr

Menschen, die schlimme Dinge erlebt haben, sind oft hervorragende Zuhörer, weil sie niemandem Ähnliches wünschen. Wenn es irgendetwas gibt, womit sie dem anderen helfen können, sind sie da, darauf darfst du deinen letzten Cent verwetten. Und das Gefühl, jemand höre einem wirklich zu, ist unheimlich tröstlich. Gehörst du zu diesen fantastischen Zuhörern? Aber hört auch jemand *dir* zu? Hast du jemanden, der dich wahrnimmt und dir sein Ohr leiht? Bei wem kannst du dich ausheulen, Dampf ablassen, Ängste aussprechen, kurz: Wer hört dir zu? Denn wie alle anderen brauchst auch du ein offenes Ohr.

Wenn du dir ständig fremde Sorgen anhörst, dir fremdes Leid klagen lässt, immer derjenige bist, der anderen in ihren finstersten Stunden beisteht, dann vielen, vielen Dank. Wir brauchen mehr Menschen wie dich auf dieser Welt. Wahrscheinlich machst du dir gar nicht klar, wie viel Hoffnung du anderen schenkst, wie sehr du ihr Leben verbesserst. Vielen herzlichen Dank! Aaaaaber – und du ahntest schon, dass das jetzt kommen würde, oder?

All das, was da bei dir abgeladen wurde, muss irgendwohin. Auch du brauchst ein Unterstützungsnetzwerk. Du kannst nicht immer nur geben, sonst leidet dein Energieniveau, deine emotionale und geistige Gesundheit. Es ist ungefährlich und absolut akzeptabel, gelegentlich zu nehmen. Sei es nun, dass du dir ein offenes Ohr suchst, um dir weniger schöne Dinge von der Seele zu reden. Du kannst auch Tagebuch führen, Sport machen, dich künstlerisch betätigen, bloggen, einer Selbsthilfegruppe beitreten, in ein Kissen boxen. Egal was, Hauptsache, es hilft dir, diejenigen Dinge auszudrücken und loszuwerden, die dich geistig belasten und runterziehen. Denn auch du bist sehr wichtig. Es ist toll, wie viel du anderen gibst, wie nett du zu anderen bist (ehrlich!), aber auch für dich ist genug da. Gib dir selbst, sei freundlich zu dir selbst – wir möchten nicht, dass die Dunkelheit kommt und dich verschlingt.

Gehörst du
zu diesen fantastischen
Zuhörern?
Aber hört auch
jemand DIR zu?

Standortanforderungen

Um richtig zu gedeihen, brauchen verschiedene Pflanzen unterschiedliche Klimata, Böden, Bedingungen. Manche Pflanzen gedeihen auf Kosten anderer Pflanzen. Manche Pflanzen sind sehr zart und benötigen ein wenig mehr Zuwendung. Es gibt Schatten liebende, Sonne liebende, Wasser liebende, Trockenheit liebende, zähe, unempfindliche, einjährige Pflanzen mit den verschiedensten Standortanforderungen. Wenn du sie beim Gärtner kaufst, steckt oft ein Plastikschildchen im Topf, das dich über sie und die nötige Pflege informiert. Ja, es kostet ein wenig Mühe, alles richtig hinzubekommen, aber man wird ja auch reichlich dafür belohnt.

Für dich gilt das Gleiche. Wenn du Grenzen behauptest, Selbstfürsorge an erste Stelle setzt und die Bedingungen so änderst, dass du gedeihen kannst, wirst du ebenfalls reich belohnt.

Falls andere dir jetzt ein schlechtes Gewissen einreden sollten, weil du aufblühst, halte dir all die Pflanzen vor Augen und wie sorgfältig wir darauf achten müssen, dass die Standortanforderungen alle erfüllt sind. Dann frage dich, warum es anderen Menschen so widerstrebt, dass du dir die genau richtigen Bedingungen schaffst.

Leider wird bei uns keine Anleitung mitgeliefert, was wir zum Gedeihen brauchen. Das müssen wir durch Ausprobieren selbst herausfinden. Dabei spielt es aber keine Rolle, ob andere Menschen uns für seltsam oder »daneben« halten, weil wir eine Grenze behaupten, die sich für uns bewährt. Es spielt auch keine Rolle, ob uns jemand für launisch oder anspruchsvoll hält, weil wir für uns reklamieren, was wir brauchen. Es spielt keine Rolle, ob uns jemand für »kalt« hält, weil wir uns aus Situationen, Umgebungen oder Beziehungen zurückziehen, die für uns toxisch sind. *Niemand darf auf deine Kosten aufblühen.* Nichts da! Du verdienst es aufzublühen, ohne Wenn und Aber.

Empathie als Raketentreibstoff

Manchmal drängt es uns so sehr, andere zu trösten, dass wir uns verhaspeln. Manchmal raubt uns das Leid anderer den Atem, und wir wissen schlicht nicht mehr, was wir tun oder sagen sollen. Manchmal bitten wir selbst um Hilfe, ernten aber nur verschämtes Schweigen, das sich wie Zurückweisung anfühlt. Manchmal versteckt sich hinter einem »Geht schon« ein vielschichtiger Komplex aus Schmerz und Angst, den wir nicht recht in Worte zu fassen vermögen. Manchmal sagen wir im Streit Dinge, die wir gar nicht so meinen, die nur Ausdruck unserer Wut sind, unseres Frusts, unseres Egos, unserer Urteile.

Unsere Worte haben die Macht zu verletzen oder zu trösten, zu erniedrigen oder zu bestärken, jemanden kleinzumachen oder zu stärken. Wir müssen also sehr vorsichtig sein mit dem, was wir sagen.

Zum Glück gibt es da dieses Ding namens Empathie, ein wahrer Raketentreibstoff für unsere Beziehungen. Empathie stärkt die Bindung und erlaubt uns, das Leben aus einer anderen Perspektive zu betrachten. Sie hilft uns, fremden Schmerz einfach anzuhören und zu spüren, ohne gleich zwanghaft nach den richtigen Worten oder gar einer Lösung suchen zu müssen.

Empathie ist das Mittel, das uns ermöglicht, uns vorzustellen, was das Gegenüber gerade durchmacht; sie hilft uns, in Situationen einzutauchen, die wir selbst nie erlebt haben, und ein gewisses Verständnis dafür zu entwickeln, wie man sich darin wohl fühlt. Wenn uns die richtigen Worte fehlen, wenn wir sprachlos dastehen, so viel zu sagen hätten, gerne nützlich, hilfreich und hoffnungsfroh klingen würden, die rechten Worte aber nicht kommen mögen, sollten wir tief Luft holen und uns kopfüber in Empathie stürzen.

Habe keine Angst, Fragen zu stellen.
Schon deine Bereitschaft, jemandem in finsteren Zeiten zuzuhören, ist wertvoll.
Manchmal sagen Taten mehr als alle Worte.
Worte, die der Empathie entspringen, sind die »richtigen«.
Versuche, keine unerbetenen Ratschläge zu erteilen.
Bestärke, ermutige und fühle mit.

Es ist nie einfach, jemanden durch schwierige Zeiten zu begleiten. Die Fähigkeit, Dinge durch die Augen eines anderen zu betrachten, lässt sich durchaus verfeinern, und manchmal setzen wir uns selbst unter Druck, es genau richtig hinzubekommen, aus Angst, eine Situation nur noch zu verschlimmern. Dabei zählt *allein* der Umstand, dass wir für den anderen da sind, uns Mühe geben, unser Bestes tun.

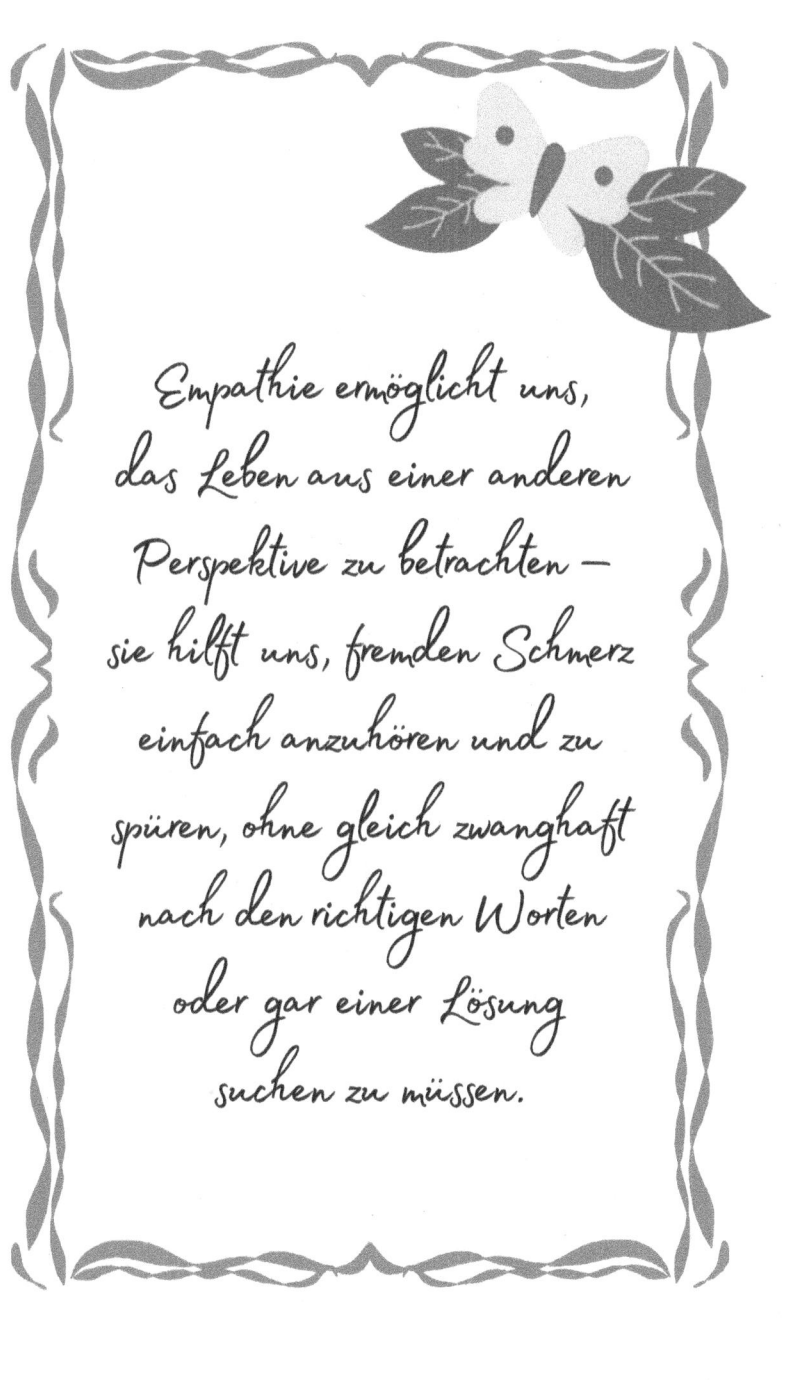

Empathie ermöglicht uns,
das Leben aus einer anderen
Perspektive zu betrachten —
sie hilft uns, fremden Schmerz
einfach anzuhören und zu
spüren, ohne gleich zwanghaft
nach den richtigen Worten
oder gar einer Lösung
suchen zu müssen.

9 Worte für Tage, an denen du garstig zu dir selbst bist

Wenn du merkst, dass du streng mit dir ins Gericht gehst, steckt dieses Kapitel voller tröstender und bestärkender Worte, die dir helfen, das abzustellen.

Es ist okay

Es mag sich nicht immer so anfühlen, aber ...

Es ist okay, seine Meinung zu ändern.
Es ist okay, andere Menschen hinzuzuziehen.
Es ist okay, Menschen auf Armeslänge von sich
*   fernzuhalten.*
Es ist okay, die Ruhe zu genießen.
Es ist okay, sich mehr Wildheit zu wünschen.
Es ist okay, die Wurzeln des Stresses anzugehen.
Es ist okay, über schwierige Themen zu reden.
Es ist okay, sich noch nicht bereit zu fühlen, über
*   schwierige Themen zu reden.*
Es ist okay, einen Brief zu schreiben, wenn es zu
*   schwerfällt, die Dinge auszusprechen.*
Es ist okay, aufrichtig zu sein, auch wenn jemand
*   gern etwas anderes hören würde.*
Es ist okay zu mögen, was du magst.
Es ist okay, sich nicht für alles schuldig zu
*   fühlen.*
Es ist okay, sich zu behaupten (es besteht ein
*   Unterschied zwischen Selbstbehauptung und*
*   Aggression).*
Es ist okay, sich Zeit für Dinge zu nehmen, die das
*   Herz erfüllen.*

Es ist okay, deutlich weniger Zeit mit Menschen oder Dingen zu verbringen, die dir das Herz schwer machen.

Es ist okay zu löschen, stumm zu schalten und zu blockieren.

Es ist okay, anderer Meinung zu sein.

Es ist okay, wenn andere anderer Meinung sind als du.

Es ist okay, sich an die warmherzigen Menschen anzulehnen.

Es ist okay, zweite Chancen zu gewähren und zu bekommen.

Es ist okay, unerbetene Ratschläge freundlich zurückzuweisen.

Es ist okay, einen Termin zu vereinbaren oder bei Sorgentelefonen anzurufen.

Es ist okay, dass andere Menschen deine Entscheidungen nicht verstehen, solange du das nur selbst kannst.

Es ist okay, heute im Schlafanzug zu bleiben.

Es ist okay, dich aus Situationen herauszunehmen, die dir nicht guttun.

Es ist okay, dein Leben jederzeit auf deine Art zu führen.

Unsere heutige Welt schickt uns zwar ständig die Botschaft, wir sollten nett zu anderen sein, behandelt uns aber oft nicht sehr freundlich, wenn wir zu uns selbst nett sind. Vergiss nie, dass dieses Leben dir gehört – niemandem sonst – und dass du selbst dafür verantwortlich bist, es nach Kräften zu genießen. Niemand kann verlangen, dass du dich für alle anderen aufreibst, faule Kompromisse eingehst, andere glücklich machst – jeder ist für sein Glück selbst verantwortlich. Grenzen, Grenzen, Grenzen.

Stufe dich hoch

Das Leben allgemein dreht sich nicht um dich. Aber *dein* Leben sehr wohl. Du stehst mitten in seinem Epizentrum. Genau mittendrin. Deine Entscheidungen, Handlungen, alles, was du denkst, tust, bist, hat Auswirkungen auf dich.

Aber wenn wir uns deine ellenlange To-do-Liste ansehen, wage ich mal die Vermutung, dass sich in deinem Leben nicht alles um dich dreht. Nicht im Geringsten. Vielleicht kommst du nicht mal darin vor.

Die Aufgaben, Pflichten, der Wirbelwind an täglichen Aufgaben – den Verwaltungskram des Lebens erledigst du vermutlich wie ein Sachbearbeiter auf Muss-ja-Rechnungen-bezahlen-und-Essen-auf-den-Tisch-bringen-Art. Aber vermutlich steht auf dieser Liste, und sei sie so lang wie der Äquator, nirgendwo etwas von deinem inneren Wesen mit all seinen Wünschen und Träumen und Bedürfnissen und ganz eigenen Vorstellungen davon, was du in einer Atempause mal gern tun würdest.

Ja, ich weiß, Rücksichtnahme auf sich selbst klingt in vielen Ohren nach Selbstsucht und Faulenzerei. Oder du glaubst, du hättest dafür gar keine Zeit. Aber um das klarzustellen: Solche Gedanken sind nicht selbstsüchtig, sie zeugen nicht von Faulheit, und du hast sehr wohl Zeit für dich selbst.

Halte mal ein, zwei Tage (oder solange du willst) fest, wohin deine Zeit verschwindet, wie du die 24 Stunden deines Tages verbrauchst. Schreib auf, wie lang du schläfst, arbeitest, lernst, Hausarbeit machst, in den sozialen Medien verbringst, fernsiehst. Hast du das erst einmal schwarz auf weiß vor dir liegen, kannst du beginnen, innerhalb deines Tages umzuschichten. Oder bleiben wirklich keinerlei Spielräume mehr? Dann musst du darüber nachdenken, was du ganz rauswerfen, delegieren, abgeben kannst.

Denn du zählst.

Lass deine Taten lauter sprechen als Worte. Stufe dich auf deiner To-do-Liste hoch. Nur zu, schiebe eine Zeile zwischen »dies« und »das« und schreibe etwas hinein, das allein für dich ist.

Nun, falls du das noch nie gemacht haben solltest, rast dein Herz vielleicht vor Aufregung. Dieser Akt fühlt sich gewagt an und provoziert bei dir vermutlich sofort die bange Frage »Kann ich das wirklich bringen?«. *Ja, das kannst du.*

Und das Beste daran? Du gewöhnst dich daran – deine Tage werden bald gespickt sein mit Dingen, die dir Freude machen; Menschen in deinem Umfeld werden von dir lernen und dich zum Beispiel nehmen. Und wenn du Kinder hast, darfst du dich an dem Gedanken erwärmen, dass sie später für normal halten werden, was sie dich in ihrer Kindheit tun sahen. Es stimmt, manche Menschen werden sich anfangs daran stören, wahrscheinlich weil du, um dich hochzustufen, etwas anderes herunterstufen musst, zum Beispiel ihre Ansprüche an deine Zeit und Energie. Aber die anderen können sich ebenfalls auf ihren Listen hochstufen, anstatt sich immer auf dich zu verlassen. Wenn deine Kinder sehen, wie du dich zum Wohl anderer aufreibst, werden sie das wahrscheinlich übernehmen. Und das wünschst du ihnen bestimmt nicht, oder? Und dir wünschst du es auch nicht.

Sei, wer du sein willst

Kaum sind wir geboren, beugen sich schon Menschen über unser Bettchen und suchen nach Familienähnlichkeiten. Haben wir Opas Nase, Omas rotbraune Haare oder Mamas Augenfarbe?

Das lässt auch später nicht nach, dann wird räsoniert, an wen unsere Charakterzüge, Gewohnheiten, Vorlieben und Abneigungen am ehesten erinnern. Oft bekommen wir das in nicht besonders schmeichelhaften Worten gesagt: »Grrr, du bist *genau* wie dein verdammter ... (entsprechenden Namen hier einsetzen)« oder »Du ähnelst da Karlheinz Huber auf unangenehme Art«.

Das geht mitunter, bis wir uns fühlen wie Frankensteins Monster – aus lauter Versatzstücken zusammengesetzt – und zu rätseln beginnen, wer wir wirklich sind.

Ja, du magst bestimmte körperliche Attribute geerbt und bestimmte Verhaltensweisen übernommen haben, vielleicht sagst du »Koteletts« statt Koteletten, weil deine Eltern dir das so beibrachten.

Doch du bist du – eine eigenständige Person –, und es zählt allein, wie du selbst dich siehst. Wen scheren schon die unerbetenen Kommentare deiner lieben (oder weniger lieben) Angehörigen.

Du bist nicht wie jeder Christian, jede Claudia, jeder Martin; du bist einzigartig, und bei den meisten Dingen, die nicht genetisch vorbestimmt sind, bestimmst *du*, wer du sein willst.

Auf unserem Lebensweg erfinden wir uns immer wieder neu.
Wir streifen alte Identitäten ab und wachsen in neue hinein.
Wir entscheiden, wer wir sind und nicht sind.
Wir bestimmen, wie unsere Tage verlaufen, was wir tun.

Du bist du, und genau so soll es auch sein.

Bitte entscheide dich für dein Glück

Glück fühlt sich oft wie eine strahlende, glänzende, gleißende, aber leider ferne Fata Morgana an, gänzlich und absolut unerreichbar. Tatsächlich aber liegt unser aller Glück verlockend nahe. Glück ist kein »Wenn ich das mache, werde ich glücklich«-Ding. Glück ist ein Zustand, wie schlechte Laune und schlimme Zeiten – es geht vorbei, aber es liegt immer in Reichweite. Wir müssen nur danach greifen. Glück ist auch kein Endziel, es hängt nicht an unzähligen Voraussetzungen und passiert nur, wenn XYZ erst erfüllt/geschafft/errungen ist. Das Glück liegt direkt vor unserer Nase, jederzeit.

Die Schwierigkeit mit dem Glück ist, dass irgendein Komplex, den wir mit uns herumschleppen, uns oft einflüstert, wir verdienten es nicht. Wir fühlen uns wegen irgendetwas schuldig, können uns aus irgendeinem Grund nicht leiden. Und halten deswegen Dinge von uns fern, die uns ein wunderbares Gefühl geben, die uns Freude machen würden. Ohne solche Aufheiterungen werden finstere Tage leicht zu finsteren Wochen und Monaten.

Glück, das sind diejenigen Dinge, die sich wunderbar anfühlen, die uns Freude bereiten. Das muss keine großartige Sache sein: barfuß durchs Gras gehen, das erste heiße Getränk nach dem Aufstehen trinken, erhebende Musik hören, Zeit mit ansteckend freundlichen und lustigen Menschen verbringen, sich in duftende frische Bettwäsche legen, eine Duftkerze anzünden, sich in ein Buch vergraben, lustige Videos auf YouTube ansehen, in Wellen springen, Sand zwischen den Zehen spüren, in weiche, flauschige Schuhe schlüpfen, Eis essen an einem heißen Tag, zufälliger Empfänger einer netten Geste werden, ohne Anlass einem anderen etwas Gutes tun, auf eine Zukunft hinarbeiten, die dich glücklich strahlen lässt, auf einem Trampolin oder in einer Hüpfburg herumspringen, ein Brettspiel spielen, einen Film ansehen, das gute Geschirr hernehmen, im Regen tanzen, ein Bild ausmalen, ätherische Öle riechen und so weiter und so fort.

Als Kinder zieht es uns automatisch zu den Dingen, die wir gerne tun, die uns zum Lächeln oder Lachen bringen. Erlaube dir, deine Tage mit Dingen zu versüßen, die für dich köstlich und erfreulich sind, was immer das auch sein mag. Plane sie fest ein, wenn du magst. Diese Dinge könnten in finsteren Zeiten zum Hoffnungsschimmer werden, zum Silberstreif zwischen dunklen Wolken, und dir, wenn auch nur vorübergehend, ein wenig Erleichterung verschaffen. Auch die guten Dinge gehen vorbei, wie alles andere, wie auch die Finsternis – doch wenn wir uns bewusst für sie entscheiden, geben wir dem Glück eine größere Chance.

Bitte entscheide dich für dich selbst – für die glückliche, lustige, nette, mutige, unterhaltsame, verspielte und intelligente Person, die du bist. Du bist all das und viel mehr. Nur haben vielleicht finstere Zeiten ganze Arbeit geleistet, sodass du das Gegenteil für wahr hältst. Aber das stimmt ganz und gar nicht. Bitte entscheide dich für Glück und Gesundheit.

Zwei gegensätzliche Dinge können wahr sein

Zwei gegensätzlich scheinende Dinge können gleichzeitig wahr sein: Es regnet, aber die Sonne scheint, und zusammen ergibt es einen Regenbogen.

Obwohl wir vielleicht Rechtshänder sind, können wir doch mit der linken Hand schreiben (wenn auch krakeliger und langsamer).

Wir stecken vielleicht mitten in einer Depression und müssen plötzlich losprusten, weil uns etwas urkomisch erscheint.

Wir können uns auf etwas freuen und uns doch vor einigen Aspekten fürchten.

Wir können auf manchen Gebieten unheimlich beschlagen und auf anderen völlig unwissend und ahnungslos sein.

Wir können vor Lachen oder vor Schmerzen weinen.

Und du, du bist nicht perfekt – niemand ist perfekt –, gleichzeitig bist du aber auch ein Brillantfeuerwerk an Talenten. Wir alle haben Stärken und Schwächen, uns fällt nur schwer, sie zu akzeptieren, anzuerkennen und uns nicht zu sehr an sie zu klammern.

Wer sich nur zu seinen Schwächen bekennt, seine Brillanz aber versteckt, verleugnet die Dualität seines

Wesens. Und diese Dualität spielt eine große Rolle, denn ebenso wie wir nicht über unsere Brillanz definiert werden sollten, sollten wir auch nicht über unsere Unvollkommenheiten definiert werden. Wir sind so viel mehr als diese Dinge. Jederzeit.

Erlaube deinen Stärken und Schwächen, nebeneinander zu existieren, im Wissen, dass du weder nur unvollkommen noch nur perfekt bist – deine Charaktereigenschaften zeigen sich wie die vielfältigen Farben eines Regenbogens. Und das ist etwas Wunderbares. An anderen lieben wir doch oft genug gerade ihre Eigenheiten, weil sie sie als Menschen einzigartig machen. Freunde dich auch mit deinen eigenen Eigenheiten an.

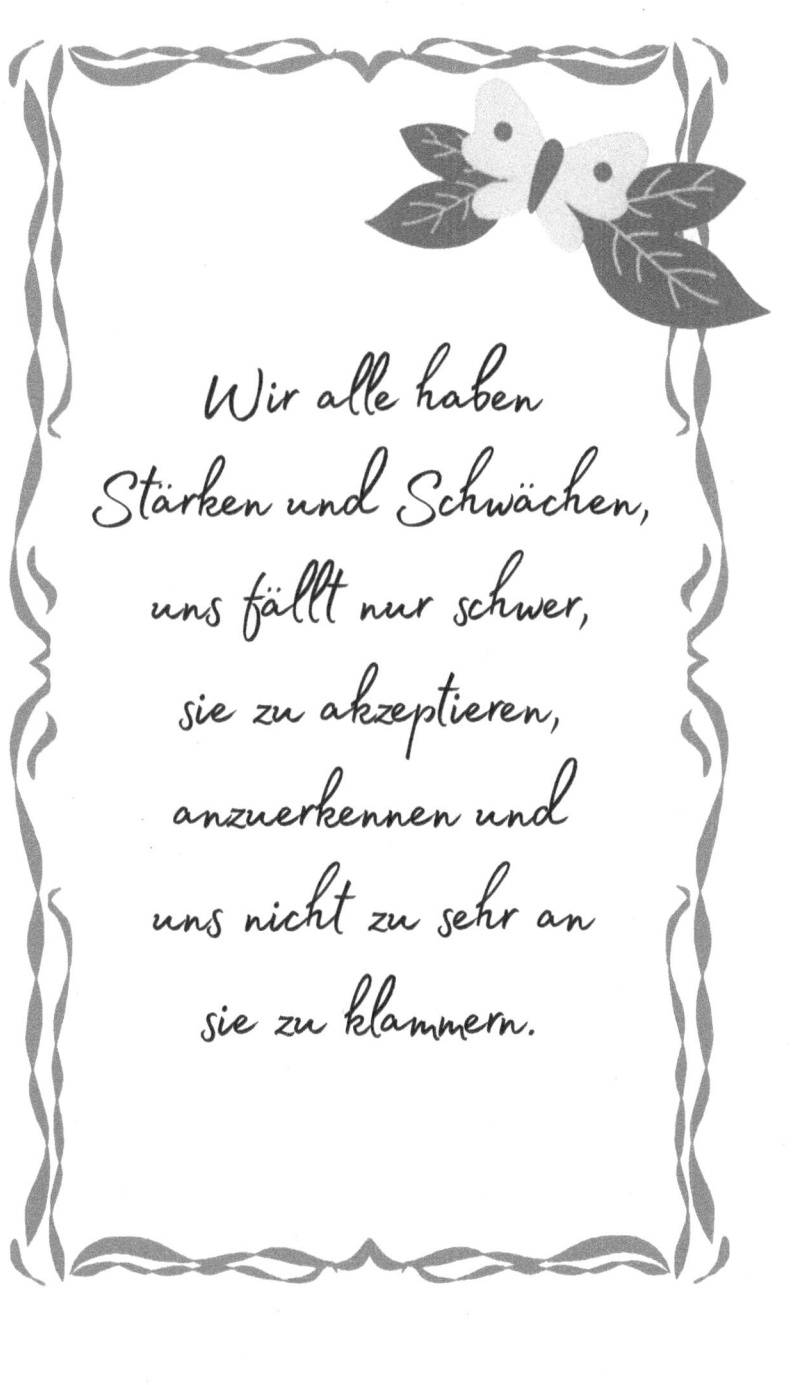

Wir alle haben
Stärken und Schwächen,
uns fällt nur schwer,
sie zu akzeptieren,
anzuerkennen und
uns nicht zu sehr an
sie zu klammern.

Selbstvertrauen lässt sich wieder aufbauen

Das Leben ist hart. Wirklich hart.

Es gibt immer irgendwelche Probleme, sie unterscheiden sich nur in Erscheinungsform und Größe. Ständig wirft das Leben uns Knüppel zwischen die Beine, wir stolpern, meistens gelingt es uns aber, sofort wieder aufzustehen. Selbst wenn wir schwer gestürzt sind und eine helfende Hand benötigen. Diese endlosen Rückschläge, die schlicht zum Leben gehören, sind nicht alle gleich. Manche haben wir so oft erlebt, dass sie von uns abperlen wie Tropfen vom Gefieder einer Ente. Manche ringen uns eine Weile nieder, aber sobald wir uns ein wenig gesammelt haben, kommen wir schwankend wieder auf die Beine. Und dann gibt es diese grässlichen Ereignisse, die uns jedes Selbstvertrauen rauben, sodass wir wie gelähmt dastehen, an all unseren Fähigkeiten zweifeln, an unseren Erfahrungen, an allem.

Selbstvertrauen ist nichts Statisches. Wir sind nicht entweder selbstbewusst oder unsicher. Unser Selbstvertrauen variiert je nach Situation, Gegenüber und den bisherigen Ereignissen. Alles ist relativ.

Wenn uns das Leben richtig gebeutelt hat, kann es passieren, dass unser Selbstvertrauen völlig versiegt. Dann tun wir alles, um uns nicht der Wirklichkeit stellen zu müssen. Wir tweeten, instagrammen, putzen, streichen die Wände, halten ein Nickerchen tun alles, was uns leichtfällt, um uns nicht der kolossalen Diskrepanz zwischen unserer nächsten anstehenden Aufgabe und unserem in Scherben liegenden Selbstvertrauen stellen zu müssen.

Dazu gibt es Folgendes zu sagen: Bevor wir etwas anpacken, das uns nervös macht, hoffen wir, unser Selbstvertrauen werde schon auf einem weißen Pferd angeritten kommen. Selbstvertrauen lässt sich aufbauen, egal wie schlimm es uns gebeutelt hat, doch das erfordert entschlossenes Handeln (was an wirklich schlimmen Tagen warten muss, bis wir wieder den Mumm dazu haben).

Selbstvertrauen lässt sich in winzigen Schritten aufbauen, indem du einen Zeh in einen Raum steckst, vor dem du zwar Respekt hast, den du aber wirklich erobern willst. Selbstbewusstsein kannst du aufbauen, indem du etwas tust, das du dir nicht zugetraut hättest. Du kannst es auch stärken, indem du so viel Wissen aufsaugst, wie du kannst. Selbstvertrauen stellt sich auch ein, wenn du eine Sache übst und immer besser wirst. Wecke dein Selbstvertrauen, indem du dich bewusst an die Male erinnerst, in denen du etwas geschafft hast, das du dir nicht zugetraut hättest. Du kannst es stärken, indem du möglichst wenig Zeit mit Menschen verbringst, die deine Träume kleinreden, kritisieren oder schlechtmachen. Und du kannst Selbstvertrauen aufbauen, indem du dir Mentoren und Lotsen suchst, die dich auf deinem Weg begleiten. Du kannst es immer wieder aufrichten, es braucht nur Zeit.

Wenn du Schlag um Schlag einstecken musstest, dich kaputt und ausgelaugt fühlst, dann ruhe dich erst einmal aus und schöpfe neue Kraft. Lass dir Zeit, bis du wieder ruhig atmest, bevor du aufzustehen versuchst. Denn du wirst wieder aufstehen. Vergiss nie: Du magst am Boden liegen, aber du bist nicht am Ende. Sobald du bereit bist und spürst, wie die Lebensgeister allmählich zurückkehren, kannst du Schritte unternehmen, um dein Selbstvertrauen behutsam wieder aufzubauen.

Selbstvertrauen
lässt sich aufbauen,
egal wie schlimm
es uns
getroffen hat.

Entschuldige dich
nicht für dich selbst

Okay, alle mal die Hand heben, die viel öfter »Entschuldigung« sagen, als ihnen lieb ist?
Ich hebe langsam die Hand

Du kennst die Situationen:

Entschuldigung (nachdem jemand dir auf die Zehen gestiegen ist).
Entschuldigung, dass ich so spät auf die E-Mail antworte.
Entschuldige, dass ich dich unterbreche.
Entschuldigung, wir haben keine Milch mehr.

Und so weiter und so fort.
Sind wir wirklich schuld, wenn jemand *uns* auf die Zehen steigt? Sind ausgerechnet wir dafür verantwortlich, dass immer Milch im Haus ist, obwohl wir mit lauter Erwachsenen zusammenleben? Ist es ein Fehler, sich bewusst auf andere Dinge zu konzentrieren, statt ständig den Maileingang zu kontrollieren oder auf das Display des Handys zu starren?
Wir haben uns so daran gewöhnt, uns für alles Mögliche zu entschuldigen, dass wir uns sogar für unsere Existenz entschuldigen möchten. Durch unsere

reflexhaften, ständigen Entschuldigungen bürden wir uns viel Schuld, Scham und Verantwortung auf – für Dinge, für die wir gar nichts können. Etwa weil wir jemanden verärgert haben – aber wie jemand auf unser Verhalten reagiert, ist doch seine Verantwortung, nicht unsere.

Indem wir uns für jeden Käse entschuldigen, untergraben wir unser Selbstvertrauen, unsere Selbstachtung und Identität, dabei versuchen wir doch nur, Peinlichkeiten zu vermeiden. Schuld einzugestehen oder Wiedergutmachung anzubieten ist uns fast schon zum Tick geworden; so versuchen wir Unbehagen zu vermeiden oder einfach nur höflich zu sein. Dabei ist Unbehagen nichts Schlechtes – es ist aufrichtig. Viel aufrichtiger als eine genuschelte, nicht ernst gemeinte »Entschuldigung«, die eigentlich gar keine ist.

Mit unserer Weigerung, die Schuld für etwas zu übernehmen, für das wir nichts können, handeln wir aufrichtig. Wir behaupten Grenzen. Wir arbeiten an unserem Selbstwertgefühl, drücken das Rückgrat durch, heben den Kopf und weisen Schuld und Scham, die ohnehin nichts an unserer Schwelle zu suchen hatten, von uns.

Achte gut darauf, wofür du dich entschuldigst. Halte inne und überlege erst, ob du wirklich etwas Falsches getan hast. Halte inne und frage dich, ob dir etwas wirklich leidtut. Halte inne und beschließe, den Wert dessen, der du bist, nicht dadurch zu mindern, dass du unnötig mit Entschuldigungen um dich wirfst.

Stellst du dein Licht unter den Scheffel?

»Kommandiere niemanden herum«, hat man uns gesagt. »Lass die anderen auch mal«, hat man uns gesagt. »Du bist so eine Quasselstrippe«, hat man uns gesagt. »Hör auf, so empfindlich zu sein«, hat man uns gesagt. »Gib nicht so an«, hat man uns gesagt.

Anders ausgedrückt: Sei dies nicht, sei jenes nicht. Versuche nicht aufzufallen, schwimme mit dem Strom, stelle dein Licht unter den Scheffel. Und das machen wir dann auch.

Wir gehen faule Kompromisse ein, wir spuren, machen uns klein und verstecken uns – nicht in dem Sinn, dass wir in einer abgeschiedenen Höhle schlafen, sondern eins nach dem anderen lassen wir die Dinge verblassen, die uns ausmachen. Die Dinge, die uns leichtfallen. Die Dinge, die uns glänzen lassen.

Kurzfristig betrachtet scheint es einfacher, so zu leben. Die Tage verlaufen reibungsloser, wir glauben, unserer Umwelt so weniger auf die Nerven, weniger gegen den Strich zu gehen.

Langfristig aber führt uns Selbstverleugnung auf einen Weg, den wir nicht einschlagen wollten. Bis wir uns schließlich in einem Leben wiederfinden, das wir uns so nicht ausgesucht hätten. Wir sind angepasst, wie alle anderen.

Was auch immer dich ausmacht, die Welt braucht mehr davon. Deine Eigenheiten, Besonderheiten, Spleens, natürlichen Talente, Fähigkeiten, dein »Du«.

Deine Magie
verursacht bei anderen
Menschen Unwohlsein,
weil sie entweder
eine andere Art Magie
haben oder sich
mit dir vergleichen,
was ungesund ist.

Du bist ein Champ

Nicht die Preise, die öffentliche Anerkennung oder der Ruhm machen einen Champ zum Champ. Sondern all das, was unbemerkt bleibt, unbelohnt, unsichtbar und ungerühmt.

All das, was wir regelmäßig tun, manchmal zähneknirschend oder nach einem tiefen Durchatmen: Wir berappeln uns, strengen uns an, üben, proben, lernen, füllen Wissenslücken, ertragen harte Lektionen, die uns das Leben lehrt, richten andere wieder auf, passen bewusst Routinen an, entscheiden achtsam, betreiben Selbstfürsorge, geben unser Bestes, vergießen Schweiß und Tränen, schwanken, gehen an die Grenzen unserer Fähigkeiten, verlassen unsere Komfortzone und behaupten Grenzen.

Wahre Stärke zeigt sich nicht am mächtigen Bizeps oder am einschüchternden Urschrei, sondern an unserem Verhalten in denjenigen Augenblicken, in denen wir uns am schwächsten fühlen. Und es gibt so viele Beweise dafür, dass du ein verdammt harter Knochen bist. Du hast all die grässlichen Stunden überstanden, die du glaubtest, nicht durchstehen zu können. Du hast noch in den trübsten Stunden immer weiter einen Fuß vor den anderen gesetzt. Wenn du keine Hoffnung mehr hattest, schöpftest du neue.

Du grubst tief und fandest eine Widerstandskraft in dir, die dich selbst überraschte.

Weil niemand dich zum Sieger erklärt, dir vor einem Beifall klatschenden Publikum einen Preis überreicht oder dir eine olympische Medaille umhängt, möchte ich hier eine kleine Pause einlegen, um *dir* zu applaudieren.

Du hast das Zeug, das Champs ausmacht, und zwar im Überfluss.

Vergiss allerdings nicht, Pausen und Erholung einzuplanen – auch Champions brauchen Auszeiten.

10 Worte für Tage, an denen das Leben dich aufreibt

Wenn du dich ausgelaugt und erschöpft fühlst, als ob deine innere Quelle ausgetrocknet wäre, dann tauche sanft in diese Worte ein und schöpfe aus ihnen, was du brauchst.

Nimm dir all die Zeit, die du brauchst

An einem gewissen Punkt unseres Lebens erleben wir alle, dass sich die Koordinaten unserer Existenz verschieben. Wenn ein geliebter Mensch stirbt, wir Eltern werden oder Eltern zu werden versuchen, wir uns in anhaltenden Konflikten wiederfinden, uns von jemandem entfremden, wir Traumata erfahren, wenn uns irgendetwas ganz allgemein aus dem Tritt und unser Boot heftig ins Schwanken bringt.

Diese Dinge verändern uns, und sie verändern, wie wir unsere Umwelt wahrnehmen. Wir fühlen uns nicht mehr wie zuvor, wissen gleichzeitig aber noch nicht, wo wir hinwollen. Uns ist nicht mehr klar, wer wir eigentlich sind.

In solchen Phasen glauben wir mitunter, in einem Paralleluniversum zu leben, wir machen unser Ding, aber unsere Gefühle spielen verrückt, und das Lächeln in unserem Gesicht ist wahrscheinlich nicht so aufrichtig, wie wir gern hätten.

Dafür dürfen wir uns jedoch nicht schelten. Wir dürfen uns nicht dafür verurteilen, dass wir nicht sind, wer wir sein könnten.

Wenn die Koordinaten unserer Welt sich verschieben und uns das verändert, brauchen wir Zeit. Wir setzen weiterhin einen Schritt vor den anderen, nur um da durchzukommen, bis die Wunden verheilt sind, der Staub sich gelegt hat, wir uns an unser neues Ich gewöhnt haben. Bis wir klarer sehen, wer wir nach dieser Angelegenheit überhaupt sind.

Solange du noch mitten in der Veränderung steckst, mache dir bitte keine Sorgen; setze dich nicht unnötig unter Druck, wenn du dich tausendmal umentscheidest, du manche Situationen oder Menschen einfach nicht aushältst, Raum brauchst, um zu spüren, was du spürst, professionelle Hilfe brauchst, dich mürrisch oder unzufrieden fühlst, Gelegenheit benötigst, dich selbst besser zu verstehen, Zeit brauchst, um dein altes Ich zu betrauern, erkunden musst, wer du im Hier und Jetzt bist, ein falsches Lächeln aufsetzt, weil du noch nicht die Worte gefunden hast, um dich auszudrücken.

All das braucht Zeit – nimm dir alle Zeit, die du brauchst.

Schluss mit dem zwanghaften Helfen!

Wenn wir Menschen über alles lieben, mischen wir uns gelegentlich in Dinge ein, die uns nichts angehen. In deren Schmerz, Probleme, Wut, in deren Verantwortung. Wir machen sie uns zu eigen und übernehmen die Verantwortung für Dinge, die wir nicht zu verantworten haben.

Dieser Drang, sich Dinge zu eigen zu machen, wurzelt in tiefer Liebe, in Freundlichkeit, Mitgefühl, Verletzlichkeit und Empathie. Wobei Empathie nicht bedeutet, dass man anderen alles abnehmen müsste. Empathie ist die Fähigkeit, sich in einen anderen Menschen hineinzufühlen. Aber Empathie bedeutet nicht, dass man sich von den Angelegenheiten *des anderen* vereinnahmen lässt.

Wenn wir uns darauf stürzen, fremde Probleme zu lösen, legen wir im Geiste unser Superhelden-Cape an und tun alles in unserer Macht Stehende, um dem anderen sein Unbehagen oder seinen Schmerz zu nehmen. Unterbewusst steht dahinter der Wunsch, jemand anderes würde das für uns tun.

Das Problem dabei ist aber, dass wir Grenzen verletzen. Und zwar massiv.

Grenzen trennen den Raum zwischen uns und unseren Mitmenschen, sie verschaffen uns Platz zum

Atmen. Sie grenzen den Raum ab, innerhalb dessen wir Erwartungen steuern können, sie grenzen ab, wofür wir verantwortlich sind und wofür nicht. Insbesondere sind wir nicht verantwortlich für das Glück der anderen – ebenso wie andere nicht für unser Glück verantwortlich sind.

Wenn es uns zwanghaft drängt, anderen beizuspringen, steckt dahinter in Wirklichkeit der Wunsch, jemand würde uns zu Hilfe eilen. Wer sein Glück vom Glück anderer abhängig macht, verletzt Grenzen.

Es besteht ein gewaltiger Unterschied, ob man jemanden zutiefst liebt, ihm in finsteren Zeiten beisteht, ihm Platz im eigenen Leben freihält und ihn – auf dessen Bitte! – berät, oder ob man unaufgefordert zur Tür hereinschneit, mit Ratschlägen um sich wirft, alles an sich reißt und regelt. Denn meine Herangehensweise entspricht vielleicht nicht deiner und umgekehrt. Unsere Fähigkeit, Probleme zu lösen, uns selbst zu helfen und eigenständig durchs Leben zu gehen, verkümmert, wenn wir sie nicht regelmäßig nutzen. Indem wir anderen ihre Verantwortung abnehmen, rauben wir ihnen eine Möglichkeit zu wachsen, sich selbst zu verwirklichen, Stolz zu entwickeln.

Und vermutlich haben wir doch unsere eigenen Probleme, Schwierigkeiten, Dinge, die wir in Ordnung bringen sollten. Wenn wir uns die Probleme anderer aufladen, begraben wir darunter oft unsere eigenen, jene Dinge, die uns beeinträchtigen und nachts den Schlaf rauben.

Der Drang, sich die Probleme anderer aufzubürden, wurzelt meist in den freundlichsten und nobelsten

Beweggründen, was aber nicht bedeutet, dass es immer das Freundlichste und Nobelste ist, was wir für den anderen (und uns) tun können.

Indem wir anderen ihre
Verantwortung abnehmen,
rauben wir ihnen eine
Möglichkeit zu wachsen,
sich selbst zu
verwirklichen, Stolz
zu entwickeln.

Du bist nicht bedürftig,
nur weil du Bedürfnisse hast

Jeder von uns hat zweifelsfrei Bedürfnisse. Maslows Bedürfnispyramide zufolge gehören zu unseren universalen Bedürfnissen: das Bedürfnis nach Nahrung, Kleidung und Wärme, dann das Bedürfnis nach Sicherheit, soziale Bedürfnisse, das Bedürfnis nach Liebe, Anerkennung und zuoberst das Bedürfnis nach Selbstverwirklichung.

Das ist ein ziemlich breites Spektrum. Der Versuch, sie alle zu erfüllen, gleicht dem Jonglieren mit vielen Bällen, während das Leben uns von außen mit Schwierigkeiten bewirft, Änderungen bringt, uns dazwischenfunkt. Bedürfnisse zu jonglieren heißt oft, mit einander ausschließenden Ansprüchen an unsere Zeit, Energie, Finanzen und Aufmerksamkeit zu jonglieren.

Dass all unsere Bedürfnisse gleichzeitig erfüllt sind, wird nur selten vorkommen. Wir haben also fast immer unerfüllte Bedürfnisse, mitunter sogar mehrere. Das ist nun mal so. Wir haben Bedürfnisse. Wir sind *bedürftig*.

Wobei der Ausdruck »bedürftig« abwertend klingt, als wäre es beschämend, Bedürfnisse zu haben. Bei »bedürftig« denken wir an Arme, an Menschen, die wir für »ungenügend« halten. Das Wort lässt uns die

Nase rümpfen oder die Augen verdrehen, ähnlich wie der Vorwurf, jemand »giere nach Aufmerksamkeit«. Das muss aufhören! Bedürftigkeit ist kein Zustand, der Spott verdient, egal aus welcher Perspektive man es betrachtet. Vielmehr muss Bedürftigkeit uns als Signal dienen einzuschreiten, zu ermuntern, zu unterstützen und zu verändern. Niemand muss sich wegen seiner Bedürftigkeit schämen oder schuldig fühlen.

Ebenso wie Gier nach Aufmerksamkeit oft nichts anderes signalisiert als den Wunsch nach Zuneigung, bedeutet Bedürftigkeit nur, dass jemand seine Bedürfnisse ausdrückt.

Und das verdient Applaus.

Das Leben wäre ein gutes Stück leichter, wenn wir alle uns nichts dabei denken würden, frei unsere Bedürfnisse zu äußern. Das würde uns viele Eiertänze ersparen, viel »Mir geht es gut«, viel Rätseln darüber, was das Gegenüber *wirklich* gemeint haben könnte, viele Sorgen und viel Grübelei. Denn wir *wüssten* ja.

Aus irgendeinem Grund reden viele Menschen ungern über ihre Bedürfnisse; typischerweise handelt es sich dabei um Menschen, die unbedingt Haltung bewahren möchten – und am liebsten sähen, dass auch wir alles in uns hineinfräßen und die Klappe hielten. Doch auch diese Menschen haben Bedürfnisse.

Du hast jedes Recht der Welt, anderen mitzuteilen, welche Bedürfnisse du hast und inwiefern sie unerfüllt bleiben. Bedürftig zu sein heißt schlicht, Bedürfnisse zu haben. Daran ist nichts Schlimmes, denn so sieht es nun mal gerade in dir aus. Es macht dich als Menschen nicht weniger wert, dass du Bedürfnisse hast – wir alle haben welche. Du bist kein Problem und nicht das Problem. Umgekehrt sind wohl eher die Menschen das Riesenproblem, die ein Problem damit haben, wie es dir geht und was du gerade brauchst. Aber nicht du, okay?

Setze ein paar
Selbstfürsorge-Anker

Fühlst du dich manchmal, als wäre das Leben ein einziger Murmeltier-Tag? Die Tage fließen ineinander, verschmelzen und verweben sich, während wir nonstop schuften, herumrasen und Menschen treffen. Und in all das Gehetze sollen wir jetzt mehr Selbstfürsorge einbauen? Wie soll das gehen? Schließlich erfordert Selbstfürsorge Zeit – eben jene Ressource, die uns am meisten fehlt.

Doch Selbstfürsorge bedeutet nicht notwendigerweise, Wellnessnachmittage zu verbringen, Ausflüge an den Strand zu machen oder sich sonst irgendwie ausgiebig zu verwöhnen. Diese Dinge fallen natürlich auch darunter, oft aber reichen schon Kleinigkeiten, um uns zu trösten, aufzubauen, zu entschlacken und zu erden. Die Anker.

Das sind jene Dinge, die wir hoffentlich über den ganzen Tag verteilt haben, um unserem Inneren mehr Gehör zu verschaffen. Jene Dinge, die uns in der alltäglichen Hetze Pausen verschaffen und uns so ermöglichen, neue Energie zu tanken. Jene Dinge, für die dein morgiges Ich dem heutigen Ich danken wird. Jene Dinge, die uns dabei helfen, unsere seelische und körperliche Gesundheit zu pflegen.

Nun unterscheiden sich diese Anker von Mensch zu Mensch. Denke nach und versuche, deine zu identifizieren. Schnappe dir Stift und Papier und erstelle eine Liste von Dingen, die dich trösten, bestärken, entrümpeln und erden. Und dann verteile sie wie Konfetti über deinen Tag, egal was dieser bringt. Gib dir häufig Gelegenheit, auf dein Inneres zu hören, deine Mitte zu finden und einen Augenblick der Selbstfürsorge und Freundlichkeit zu genießen.

Hier ein paar Anregungen, falls du eine Starthilfe brauchst:

Lies vor dem Einschlafen eine Stunde lang.

Mache deine Mittagspause nicht am Schreibtisch.

Öffne und sortiere deine Post.

Gehe barfuß über eine Wiese.

Meditiere.

Schreibe Listen.

Lass den Stress raus.

*Melde dich bei Menschen, die du magst oder
  liebst.*

Trinke immer genug Wasser.

Lege Grenzen fest.

Plane dein Budget.

Nimm deine Medikamente.

Strecke deine Beine.

Atme frische Luft.

Streichle ein Haustier.

Umarme jemanden oder etwas.

*Sieh dir Fotos an, die schöne Erinnerungen
  wecken.*

Mache einen Schritt zur Erfüllung eines Traumes.

Egal was auf deiner persönlichen Liste steht – es kommt bei diesen Selbstfürsorge-Ankern allein darauf an, dass wir sie benennen und über den Tag verteilen. Sie helfen uns, verlässlich und regelmäßig wieder aufzutanken. Diese Anker sind wichtig und müssen zwischen all die anderen Aufgaben des Tages eingeschoben werden.

Kümmere dich um den sprichwörtlichen »Stein im Schuh«

Steinchen im Schuh nerven, aber oft nicht so sehr, dass wir sie immer sofort entfernen würden. Vielleicht schmerzen sie sogar ein wenig, aber auch nicht so sehr, dass wir alles stehen und liegen lassen und sie sofort entfernen.

Wir machen einfach weiter. Wir gewöhnen uns an das Steinchen. Trotzdem spüren wir es bei jedem einzelnen Schritt. Und wenn es dann weg ist, ist die Erleichterung groß.

Wir alle haben solche Steinchen im Leben: nervige Kleinigkeiten, die uns ein bisschen stressen oder in der Seele wehtun, die Spannungen verursachen und uns öfter durch den Kopf spuken, als uns lieb ist.

Die »Hätte ich nur ...«, die »Ich darf nicht vergessen ...«, nagender Ärger oder sogar Zorn und die »Ich muss dringend ...«.

Wir alle haben solche Lebenssteinchen im Schuh; Dinge die nicht so schmerzhaft oder enervierend sind, dass wir uns sofort darum kümmern *müssen*. Dinge, die wir ertragen, obwohl wir die Sache ruckzuck beseitigen könnten und uns dann besser, erleichtert fühlen würden.

Es mag sich dabei um ein Gespräch handeln, das wir schon lange vor uns herschieben, um Schmerzen oder Beschwerden, die wir schon lange mal ansehen lassen sollten, um Post, die wir öffnen sollten, um ein Paket, das wir zurückschicken sollten, um eine Grenze, die wir nachziehen sollten – egal was es ist, es ist da und wir wissen, dass es da ist, und aus irgendeinem Grund schleppen wir es im Geiste Tag für Tag mit uns herum, statt die Sache zu erledigen oder wenigstens um Hilfe zu bitten.

Sich um die Steinchen im Schuh zu kümmern ist ein Akt der Selbstfürsorge. Dein zukünftiges Ich wird deinem heutigen Ich dafür danken.

Abnutzung

Wir alle kennen solche Tage – Tage, an denen scheinbar alles schiefläuft, an denen wir uns die Zehen anstoßen, schlechte Nachrichten bekommen, ungeschickte Fehler machen, reizbar und genervt sind, uns wie erschlagen fühlen. Alles geht schief. Ganz klar: Solche Taumeltage laugen uns völlig aus. Wir spüren es in unseren Knochen, in unseren hektischen Gedanken, daran, dass die ganze Welt uns nervt. Der Film mit den Tiefpunkten des Tages kommt uns länger vor als der Director's Cut von *Ben Hur*. Wir fühlen uns geistig und körperlich erschlagen.

Dieses Elend, das uns gelegentlich (oder häufiger) überfällt, rührt oft daher, dass wir mit etwas über Kreuz liegen. Vielleicht damit, wer wir gerade sind, was wir sagen, was wir tun, wie unsere Tage laufen, mit unserem Arbeitsplatz oder mit den Menschen, mit denen wir unsere Freizeit verbringen. Diese Kluft zwischen der Wirklichkeit und unseren Wünschen fühlt sich gewaltig und grausam an, dabei könnte sie uns so viel lehren, wenn wir nur hinsähen und zuhörten. Sie zeigt uns, wo Handlungsbedarf besteht, wo schiefe Aspekte unseres Lebens neu ausgerichtet werden müssen.

Mitunter sind wir so weit von unserem geplanten Kurs abgewichen, dass eine radikale Wende notwendig erscheint. Aber die damit verbundene Kraftanstrengung trauen wir uns nicht zu. Wobei du nie vergessen darfst: Es gibt nichts, was du nicht schaffen könntest.

Kein Hindernis oder Problem ist zu groß, dass du es nicht meistern könntest. Denn du bist magischer, fähiger, mutiger, netter, klüger und geschätzter, als du dir je erträumen könntest. Wer die schlimme Situation in ihrer Gesamtheit betrachtet, fühlt sich von der Größe der Aufgabe leicht überwältigt, klein und rettungslos verloren. Aber das muss nicht sein.

Gehe die nötige Veränderung in kleinen Schritten an: Nimm Notiz, wenn du dich mies fühlst, und ergründe die Ursache. Was hast du gerade gemacht, was hast du davor gemacht, mit wem warst du zusammen, was hast du gedacht, was hast du konsumiert (Essen, Getränke, Medien, Unterhaltung), wo warst du?

Nimm auch Notiz von den Phasen, in denen du dich prächtig fühlst, in denen die Zeit nur so verfliegt: Was hast du gerade gemacht, was hast du davor gemacht, mit wem warst du zusammen, was hast du gedacht, was hast du konsumiert (Essen, Getränke, Medien, Unterhaltung), wo warst du?

Sage dir immer, dass du das Zeug dazu hast, all den Mist zu überstehen, mag er noch so überwältigend, erdrückend und hartnäckig scheinen. Denn du hast absolut das Zeug dazu. Lerne auch aus guten Zeiten; merke dir, was du getan hast und mit wem du zusammen warst, als du dich gut gefühlt hast. Unter-

nimm jeden Tag kleine Schritte zur Kurskorrektur –
was du sagst, wer du sein willst, und was du tust –,
immer mit deiner Vision vor Augen. Alles ist noch möglich, *du* bist noch möglich.

Mitunter sind wir so weit von unserem geplanten Kurs abgewichen, dass eine radikale Wende notwendig erscheint. Aber die damit verbundene Kraftanstrengung trauen wir uns nicht zu. Dabei darfst du aber nie vergessen: Es gibt nichts, was du nicht schaffen könntest.

Wird deine Liebe erwidert?

Manchmal geben wir uns mit Leib und Seele Dingen hin, fühlen uns hinterher aber unerfüllt, erschöpft und verbittert. Was immer diese »Dinge« sind – Menschen, Projekte, unsere Arbeit –, wenn wir uns hinterher eher kaputt fühlen, dann erwidern sie unsere Liebe nicht. Würde nämlich unsere Liebe erwidert, würden wir uns hinterher stolz fühlen, aufrechter gehen, uns tüchtig fühlen. Auch wenn wir vielleicht erschöpft sind und eine Pause brauchen.

Wie fühlst du dich vorher, währenddessen und danach – das ist der Test, ob uns etwas aufbaut, ob es uns gedeihen lässt, wie wir es gedeihen lassen.

Denn in manche Dinge können wir all unsere Energie stecken und haben hinterher ein breites Lächeln im Gesicht, auch wenn wir vielleicht erschöpft sind. Denn wir wissen, dass sich die Mühe gelohnt hat. Diese Dinge? Ja, die erwidern unsere Liebe.

Und schließlich gibt es noch Dinge, die uns vorher nervös machen, haben wir sie aber einmal angepackt, fühlen wir uns, als tanzten wir auf einem Regenbogen. In andere Dinge hingegen stürzen wir uns mit ebensolchem Enthusiasmus, fühlen uns hinterher aber wie durch den Wolf gedreht. Wir müssen uns nur vorstellen, wie wir uns hinterher fühlen werden, und schon wissen wir die Antwort auf die Frage »Wird meine Liebe erwidert?«.

Das Referat in der Schule oder Arbeit? Der Gedanke, auf einem Podium zu stehen und von Hunderten Augenpaaren beobachtet zu werden, erfüllt dich vielleicht mit Schaudern. Aber wie wirst du dich hinterher fühlen, wenn du deine wichtige Botschaft rübergebracht hast? Aufgedreht? Stolz? Erstaunt über dich selbst, dass du es geschafft hast? Dann erwidert die Sache deine Liebe.

Dein Job? Spule gedanklich fünf Jahre vor. Wie blickt dein zukünftiges Ich auf fünf Jahre Einsatz, Hingabe und Schufterei zurück? Jammert es verbittert und wütend, dass du noch immer dort arbeitest? Verursacht allein der Gedanke ihm schon Übelkeit? Dann erwidert dein Job deine Liebe nicht.

Nicht alles muss unsere Liebe erwidern, und nicht alles wird uns lieben. Aber es ist wichtig sicherzustellen, dass unser Leben mit Dingen gespickt ist, die unsere Liebe erwidern.

Sei ruhig so kindisch, wie du magst

Solange wir klein sind, wünschen wir uns oft, wir wären größer, weil wir uns nach Unabhängigkeit und Selbstbestimmtheit sehnen: »Wenn ich erst mal achtzehn bin, werde ich ... (hier Ziel einsetzen).«

Sind wir dann aber deutlich älter, wünschen wir uns umgekehrt, wir dürften mal kurz die auf unseren Schultern lastende Verantwortung ablegen (schon eine winzige Pause täte gut) und uns unbeschwert fühlen wie Kinder.

»Sei nicht so kindisch«, diese Beleidigung werfen wir Menschen an den Kopf, die wir unreif oder nicht ernst genug finden.

Doch vielleicht verurteilen wir da vorschnell, was uns früher einmal auszeichnete: Neugierde, Staunen, Fröhlichkeit, Frechheit, Fantasie, Magie, die wir als Kinder überall fanden oder aus allem herauskitzeln konnten.

Leider führen sehr viele Erwachsene eine Existenz ohne Neugier, Staunen, Fröhlichkeit, ohne eine Spur Frechheit, mit nur einer Prise Fantasie. Dabei dürfen wir nicht glauben, wir Erwachsenen hätten die Fähigkeit dazu verloren. Ganz und gar nicht!

All diese Dinge – wenn wir sie nur wieder tief in uns aufspüren, sie neu anfachen und uns nur Zeit für sie nehmen – sind die reine Selbstfürsorge, die sich nicht nur verdammt gut anfühlt, sondern auch für lang anhaltende Erinnerungen sorgt. Die Magie steckt noch in dir, auch nach all den Jahren, und sie umgibt dich überall: Sie steckt in einem Doppelregenbogen, in tanzenden Schneeflocken, glitzerndem Bodenfrost, im possierlichen Treiben von Vögeln im Park, im Funkeln der Sterne, in Menschen, die sich vor Lachen ausschütten, im Sonnenauf- und -untergang.

In schwierigeren Zeiten, wenn uns Erwartungen erdrücken oder zu viel Problematisches zusammenkommt, müssen wir uns selbst Freude machen, das innere Kind in uns wiederfinden, die Welt bewusst durch neugierige und staunende Augen betrachten und dann einige der Träume wiederentdecken, die wir früher hatten.

Freude lässt sich immer finden. Manchmal glauben wir, sie hätte sich von uns abgewendet, dabei haben in aller Regel *wir* uns von *ihr* abgewendet oder die Augen vor ihr verschlossen. Gehe und finde sie. Sei so kindisch, wie du magst.

Was steht auf deiner Liste magischer Dinge?

Manchmal fühlt sich unser Leben an wie eine Wanderung durch zähen Grießbrei. Eintönigkeit, endloses Grau, Alltagspflichten, Hürden und Probleme reiben uns auf und nutzen uns ab. Nicht umsonst ist die Frage populär geworden, wie wir diesem Trott entkommen. Veränderungen seien so gut wie eine Pause, heißt es. Und tatsächlich lohnt es sich bisweilen, das Leben aus einem anderen Blickwinkel zu betrachten. Wie, sollten wir fragen, stellen wir sicher, dass unsere Tage mit Dingen gespickt sind, die uns ermuntern, den Staub abzuschütteln, innezuhalten, durchzuatmen, stillzustehen und zu lächeln? Wie klinken wir uns aus dem Alltagstrott und seinen Verhaltensnormen aus, um einfach mal zu tun und zu fühlen, was wir wollen?

Der Mensch ist ein Gewohnheitstier, was sehr tröstend sein kann und uns oft genug gute Dienste leistet. Doch festgefahrene Gewohnheiten können auf vielerlei Weise dazu beitragen, dass wir uns gefangen, gelangweilt und hoffnungslos fühlen. Mitunter verlieren wir angesichts all der Anforderungen, dem Krach und dem bunten Durcheinander des Lebens das Gefühl für uns selbst.

Deine Aufgabe, solltest du sie anzunehmen beschließen, besteht darin, eine Mega-Mega-Liste zusammenzustellen. Eine Liste von

- *Dingen, die dich als Kind trösteten, zum Lächeln oder zum Lachen brachten.*
- *Aktivitäten, in die du dich als Kind so versenken konntest, bis es in null Komma nichts Zeit fürs Bett wurde.*
- *bewährten Arten, dich zu trösten und zu beruhigen.*
- *Lieblingsgetränken, -snacks, -musik, -filmen, -büchern, -gerüchen, -farben, -menschen, -geschirr, -blumen, -kleidung, -decken und vieles mehr.*
- *Phasen, in denen du dich ruhig, gelassen und energiegeladen fühltest.*
- *Dingen, die dich erheitern und dir Schwung verleihen.*
- *Selbstfürsorge-Dingen, die du immer mal ausprobieren wolltest, sowie Dingen, die du gern öfter tun würdest.*

Steht diese Liste magischer Dinge einmal, kannst du anfangen, sie in deinen Tag einzubauen. Unternimm einen Spaziergang und achte auf den Duft frisch gemähten Grases oder rieche an sich öffnenden Blüten, wenn das auf deiner Liste steht. Oder du packst eine Thermoskanne mit deinem Lieblings-Heißgetränk und ein Buch ein und setzt dich zehn Minuten ins Freie. Vielleicht unterbrichst du eine banale Aufgabe mit einer Gesangspause, isst zwischendrin ein Stück deines Lieblingskuchens, ruderst mit den Armen wie eine Windmühle oder spielst Lego. Was auch immer dir gefällt, dir Freude macht, dich zum Lächeln bringt, deine Stimmung aufhellt, was auch immer es auf deine Liste geschafft hat, egal wie scheinbar klein diese Dinge sind – nutze sie als über den Tag verteilte Pausen und Signale für einen Mikroneuanfang.

Das Glück liegt wirklich in den kleinen Dingen. Nutze das und verteile sie über deine Tage, um ihnen ein paar Glanzlichter aufzusetzen.

Eine Veränderung
ist ebenso gut
wie eine Pause.

Den Filter wechseln

Nachdem wir eine wirklich schlimme Zeit durchgemacht haben, blicken wir oft durch einen Filter aus Düsterkeit, Frust, Verlust, Ungeduld oder Wut auf sie zurück.

*Düsterkeit, weil man oft sehr viel kritischer auf
    sein Leben zurückblickt, nachdem man wirklich
    schlimme Zeiten erlebt hat
Frust, weil die Dinge sich nicht so entwickelten,
    wie wir uns wünschten
Verlust, weil wir Teile von uns an die Finsternis
    verloren oder schlicht Zeit verloren haben
Ungeduld, weil wir nicht da sind, wo wir zu sein
    gehofft hatten
Wut, dass das überhaupt passiert ist*

Doch es ist möglich, den Filter zu wechseln, durch den wir gedanklich blicken. *Das geht.*

Statt in Düsterkeit zu versinken könntest du auch einen rosa Filter verwenden, durch den du alle Menschen und Dinge betrachtest, die dir da durchhalfen, die dir in den übelsten Augenblicken Trost spendeten.

Anstatt frustriert könntest du auch stolz sein, dass du etwas durchgestanden hast, von dem du nicht wusstest, ob du es durchstehst. Du zeigtest Stärke und Mut, die du nicht in dir vermutet hättest.

Wo man etwas verliert, gewinnt man oft auch etwas: Erkenntnisse, Verständnis, Bewältigungsmechanismen, Mitgefühl, Empathie. Man entdeckt sich vielleicht wieder, wirft Ketten ab, erkennt, dass man nie wissen kann, was kommt, weshalb man ebenso gut auch das Geschenk des gegenwärtigen Augenblicks genießen kann. Man lernt vielleicht, jenen Dingen eine höhere Priorität zu verleihen, die uns strahlen lassen, und seinen Träumen zu folgen, weil sich »unmöglich« mit nur ein wenig Raum und Gnade zu »möglich« verwandeln lässt.

Wo es Ungeduld gibt, gibt es auch die Erkenntnis, dass das Leben niemals linear verläuft – für niemanden, auch wenn es von außen anders scheinen mag. Das Leben bietet unzählige Höhen und Tiefen, Weggabelungen und Kreuzungen, Finsternis und Licht. Von uns erfordert das Flexibilität für Korrekturen und gelegentlich für eine Kehrtwende. Es gibt immer Wahlmöglichkeiten und Optionen, sogar für uns. Sogar jetzt. Ganz besonders jetzt, da wir wissen, dass wir auch die höchsten Hürden überwinden können. Auch wenn wir vielleicht zuerst eine Pause brauchen, um uns von unserer Erschöpfung zu erholen.

Wo Wut ist, da ist oft auch Veränderung: Wir führen Routinen zur Selbstfürsorge ein, ziehen unsere Grenzen nach und behaupten sie, wir probieren neue Dinge aus oder befreien uns aus den Beschränkungen gesellschaftlicher, kultureller und familiärer Erwartungen. Wut kann sich in Begeisterung verwandeln, die uns antreibt, dorthin zu gehen, wohin wir wollen, die zu sein, die wir sein wollen, das zu tun, was wir tun wollen.

Allein dadurch, dass du finstere Zeiten überstanden hast, hast du Mumm und Hartnäckigkeit bewiesen. Du bist in die Tiefen der Existenz abgetaucht – und wieder an die Oberfläche gekommen. Als es wirklich darauf ankam, bist du wieder aufgetaucht. Das zeigt, dass in dir eine unauslöschliche Hoffnung glimmt, *egal was passiert*. Du dachtest, du hättest nicht das Zeug dazu, diese Sache durchzustehen, doch dann fandest du die Kraft. Das zeugt doch von einer innerlichen Unzerstörbarkeit, die eines Tages, wenn du mal den Raum hast, die Sache durch einen anderen Filter zu betrachten, *sogar dich* erstaunen wird. Du bist herausragend, trotz und *wegen* dem, was du durchgemacht hast.

Du verdienst es, selbst wenn …

Du verdienst alles Gute.

Du verdienst Liebe.
Du verdienst Glück.
Du verdienst Hilfe.
Du verdienst Freundlichkeit.
Du verdienst Akzeptanz.
Du verdienst dieses Nickerchen.
Du verdienst es, das »beste« Geschirr zu
verwenden.
Du verdienst Socken ohne Löcher.
Du verdienst den letzten Keks.
Du verdienst die benötigte Umarmung.
Du verdienst Anerkennung.

Ohne Wenn und Aber. Du verdienst alles Gute, selbst
wenn …

du Fehler machst.
du deine Meinung änderst.
du Nein sagst.
du stolperst.
du an dir zweifelst.
du an deinem Spiegelbild zweifelst.

dein Hirn gemein zu dir ist.
andere Menschen gemein zu dir sind.
du gemein zu anderen bist.
das Leben schwer auf dir lastet.
du Bedauern mit dir herumschleppst.
du dich unwürdig fühlst.

Du verdienst es, verdienst es, verdienst es – du bist all dessen würdig.

11 Worte für Tage, an denen du tief im trüben Morast steckst

Wenn der Ausdruck »wie durch tiefen Morast waten« deine aktuelle Situation auf den Punkt bringt, wenn du rechts und links Probleme zu bewältigen hast, wirst du im folgenden Kapitel Gelassenheit und Stärke finden.

Zwischen Baum und Borke

Man sagt uns, wir müssten nur positiv denken. Einen Schritt zurücktreten und das Ganze aus einer anderen Perspektive betrachten. Yoga üben. Mehr hiervon, weniger davon machen. Dies und jenes ausprobieren.

Doch solange wir tief im Morast stecken, mit bleischweren Gliedern, fühlen wir uns wie mit Superkleber festgepappt, ausgelaugt, verzagt, frustriert und allein.

Wohlmeinende Ratschläge empfinden wir als anstrengend, weil sie in neun von zehn Fällen verlangen, dass wir aktiv werden. Das Problem daran? Sie vermitteln uns das Gefühl, wir täten nicht genug, dabei sind wir wahrscheinlich genau deswegen in diese Situation geraten, weil wir »zu viel« taten und »zu viel« von uns gaben.

Doch wenn wir nichts mehr zu geben übrig haben und es schon unmenschliche Anstrengung erfordert, sich aus dem Bett zu erheben, fühlen sich »Lösungen«, für die man etwas tun muss, schier unmöglich an. Und sofort fangen die leidigen Vergleiche mit anderen an. Ich »sollte«, ich »müsste«, das funktionierte bei »Shirley«, »Robert« und »Gandalf«. Solche Gedanken sind Monster, die wir sofort besiegen müssen.

Und das ist hart. Und anstrengend. Mitunter brauchen wir all unsere Kraft, nur um den aktuellen Tag durchzustehen. Lösungen, die unser Handeln erfordern, kommen dann schlicht nicht infrage. Wir sehen einfach nicht mehr, wie wir von hier nach dort gelangen sollen, wir merken nicht, dass wir ständig schikanöse, drachenköpfige Gedanken töten müssen. Wir stecken zwischen Baum und Borke.

Doch hilfreiche Veränderungen erfordern nicht immer Mühe. Manchmal müssen wir keine neuen Gewohnheiten annehmen, sondern einfach nur die schädlichen Gedanken stoppen. Das verschafft uns geistige Freiräume, setzt positive Emotionen und Energie frei, die du dann in Dinge steckst, die du persönlich für richtig hältst.

Nur zu, wirf hemmungslos alles über Bord, was dir nicht nützt. Hier ein paar Anregungen für den Anfang:

den unerfüllbaren Anspruch, perfekt zu sein
den müßigen Versuch, alle Bälle gleichzeitig in der
   Luft zu halten
die Idee, du müsstest irgendjemand anderes sein
   als du selbst
die Scheu, dir angebotene Hilfe anzunehmen
den Widerstand, wenn dein Körper nach Erholung
   schreit
den Masterplan für das Leben, der auf der Idee
   beruht, das Leben verlaufe linear
den Versuch, allen zu gefallen
dein »Ja« zu allem und jedem
den Versuch, es allen recht zu machen
die Unsitte, dich selbst runterzumachen

Nur zu,
wirf hemmungslos
alles über Bord,
was dir
nicht nützt.

Nimm dich vollständig an, wie du bist

Wir sind komplex, vielschichtig, voller Parallelen und Widersprüche. In uns stecken Lachen und Weinen. Freude besteht neben schwerem Gepäck. Fehler und Weiterentwicklung verweben sich. Das Leben kann süß und sauer, bitter und salzig sein, alles gleichzeitig. Wie verwirrend!

Im Leben gibt es nichts Absolutes, kein Schwarz und Weiß – wir alle existieren in einer Vielzahl von Grautönen. Was immer wir empfinden, es definiert nicht, wer wir sind. Dafür sind wir viel zu kompliziert, interessant und vielschichtig.

Für alle schwierigen Phasen gilt: Egal wie riesengroß die Probleme wirken, du bist unendlich viel größer. Du vermagst viel mehr einzustecken, als das Leben dir mit seinen Gemeinheiten antun kann. Und so können wir gleichzeitig traurig über etwas sein und über etwas anderes ganz begeistert. Wir können all das Graue ertragen und trotzdem hell strahlen. Trübe Zeiten schmälern unsere Schönheit nicht im Geringsten, sondern verleihen uns eine Tiefe, die vorher vielleicht fehlte, und schaffen in uns einen Ort größerer Empathie, Leidenschaft und Freundlichkeit.

Wenn die Probleme dich überragen, vergiss bitte nie, dass sie nicht alles bestimmen, dass auch wieder gute Zeiten kommen. Eine Depression durchzumachen, schwere Zeiten zu erfahren, finstere Gedanken zu wälzen – jene schlimmen Dinge, die du mitunter erlebst, sie definieren dich nicht, sie machen nicht *dich* schrecklich. Du bestehst aus so viel mehr als nur diesen schlimmen Phasen. Auch sie gehen vorbei, und es kommen wieder hellere Tage und bessere Wege.

Wenn schlimme Zeiten die Wellen sind, die an den Strand donnern, dann bist du das Meer. Wenn traurige Phasen wie hartnäckige graue Wolken sind, dann bist du der Himmel. Wenn die finsteren Zeiten sich wie Treibsand anfühlen, dann bist du die mächtige Eiche.

In dir stecken so viel Wärme und Durchhaltevermögen und Stärke und Vielschichtigkeit. Du bist wichtig und wirst geschätzt. Du bist so viel mehr als die Knüppel, die das Leben dir zwischen die Beine wirft.

Du bist keine Enttäuschung

Wenn es uns zunehmend schwerfällt zu funktionieren, ist das ein Anzeichen dafür, dass unser Geist überlastet ist. Unsere Gedanken fließen in Zeitlupe – oder rasen, die Probleme des Lebens fühlen sich unüberwindlich an, und manchmal erkennen wir die Person nicht wieder, die uns aus dem Spiegel entgegenblickt. Doch bevor wir an diesen Punkt gelangen, bekommen wir zahlreiche Warnhinweise, Signale und Anzeichen. Allesamt rufen sie uns zu: Mach langsam, damit tust du dir keinen Gefallen, du brauchst eine Pause, du verbiegst dich gerade usw. Oft überfahren wir diese Signale aber, bis schließlich Körper und Geist eine Notbremsung einleiten.

Die Warnhinweise unterscheiden sich von Mensch zu Mensch, da wir unterschiedliche Dinge als »normal« ansehen, oft gehören dazu aber:

extreme Lethargie,
chronische Müdigkeit, die auch noch so viel Schlaf
 nicht beseitigt,
Verwirrung,
ungewöhnliche Schmerzen und Wehwehchen,
die Unfähigkeit, vernünftig zu denken und Probleme
 zu lösen, die du sonst mit links erledigen würdest,

der *Rückzug von Freunden und Angehörigen,*
ungewöhnliche Gereiztheit,
Tollpatschigkeit,
Veränderungen im Appetit,
Überlastungsgefühle,
Entscheidungsmüdigkeit,
Anfälligkeit für jede Erkältung und jeden gerade
    umgehenden Infekt,
Weinerlichkeit,
der *Wunsch davonzulaufen.*

Manche dieser Dinge schleichen sich ein, einige beuteln uns sogar, oft genug aber stoppen sie uns nicht so, wie Geist und Körper es eigentlich bräuchten.

Es ist total okay, etwas zu verändern, wenn du dich nicht wohlfühlst. Verschiebe ruhig Termine und Besprechungen, nimm dir Tage für die geistige Gesundheit frei, befördere Selbstfürsorge auf die erste Stelle deiner To-do-Liste, beachte die Signale, bevor du an die Wand rauschst, wehre dich dagegen, in all dem Lärm unterzugehen. Deine Gesundheit, dein Glück sind wichtig. Es geht nicht immer darum, was du für andere tun kannst, es geht auch darum, was du für dich selbst tun kannst.

Es ist ok zu weinen

Weine doch, wenn du glücklich oder traurig bist. Weine, wenn du vor Wut schreien könntest oder dich mies fühlst. Weine ruhig, obwohl die Sonne scheint. Weine nur, wenn dir alles zu viel wird. Weine, wenn du dich klein oder alt fühlst; und wenn dein Umfeld dir das Gegenteil versichert, darfst du trotzdem weinen. Es spielt keine Rolle, wer du bist und was du tust – es ist total okay, sich mal richtig auszuheulen.

Aber davor fürchten wir uns. Wir glauben, das wäre nicht okay. Wir halten es für kindisch, und hinterher sehen wir schlimm aus. Aber Weinen ist die natürlichste Art überhaupt, sich auszudrücken. Als Kleinkind machten wir es noch instinktiv, bis andere uns mit ihren missbilligenden Blicken, ihrer Unfähigkeit zu trösten und ihren Worten – »Pssst!«, »Heul doch nicht«, »Bitte hör zu weinen auf« – zum Verstummen brachten.

Aber alles in sich hineinfressen? Das endet immer böse. »Lass es raus«, klingt fürchterlich abgedroschen, bleibt aber trotzdem ein guter Rat. Wenn wir alles schlucken, was uns zum Weinen bringt, anstatt es rauszulassen, können wir es nicht erkunden, uns nicht ausdrücken und oft genug nicht daran wachsen.

Und du musst ja nicht unter der Dusche heulen wie ein Schlosshund. Du musst dir ja nicht die Decke über den Kopf ziehen und deinen Tränen freien Lauf lassen. Schließlich kann man seine Gefühle auf vielfältigste Art ausdrücken: indem man Tagebuch schreibt, redet, singt, auf einen Sandsack eindrischt, Urschreie loslässt, beim Gehen wütend aufstampft, kreativ arbeitet. Aus gutem Grund fühlen wir uns danach oft besser: Indem man seine Gefühle rauslässt, entwirrt man das Verworrene, bringt den Stress zum Ausdruck, verleiht seinen Emotionen Energie, entspannt seine Muskeln und schafft Platz für neue, für andere Gefühle.

Es ist echt okay zu weinen. Auch wenn es dir peinlich ist; manchmal musst du da durch, um wieder in ruhigere Gewässer zu gelangen.

Wenn wir alles
schlucken, was uns zum
Weinen bringt,
anstatt es rauszulassen,
können wir es nicht
erkunden, nicht ausdrücken
und oft genug
nicht daran wachsen.

Nutze den Schmerz

Tolle, grandiose Gefühle wie Freude, Friede, Stolz und Liebe würden wir gern einfangen und in Flaschen abfüllen. Vor anderen Gefühlen hingegen würden wir am liebsten davonlaufen, so fies fühlen sie sich an, etwa vor Schuldgefühlen, Wut und Schmerz. Dabei sind diese Gefühle ganz natürliche, automatische Reaktionen auf etwas, das sich bei uns abspielt, sei es nun innerlich oder im Außen.

Bevor wir etwas tun, überlegen wir uns, welche Gefühle es bei uns auslösen wird und wann. Gefühle sind oft Vorläufer von Veränderungen in unserem Körper oder in unserem Verhalten. Glück veranlasst uns, vor Freude zu springen, breit zu grinsen, den Augenblick zu genießen und genau das öfter zu machen, was dieses Gefühl in uns auslöste.

Schmerz ist überaus nützlich, wenn wir uns das Bein gebrochen haben – er signalisiert uns, dass wir Hilfe brauchen, ärztliche Behandlung, und während der Reha zeigt er uns, wann wir es übertrieben haben und es langsamer angehen müssen.

Geistiger Schmerz ist im Grunde genau das Gleiche. Er signalisiert uns, dass wir uns um etwas kümmern müssen, möglicherweise Unterstützung brauchen, es vielleicht übertrieben haben und es langsamer angehen müssen.

Instinktiv neigen wir dazu, seelische Wunden zu ignorieren, obwohl wir vergleichbare körperliche Wunden nicht ignorieren würden, ganz besonders, wenn sie sich entzündeten und blau und grün würden. Seelische Wunden verursachen uns Schmerzen, solange sie unversorgt bleiben, bis wir uns ihnen stellen. Wir sollten uns umgehend um sie kümmern – wie bei körperlichen Verletzungen ja auch. Nutze den Schmerz. Halte inne und ergründe, was ihn verursacht, was für dich nicht funktioniert. Und handle dann entsprechend oder lasse die Wunde angemessen versorgen. Genau so, als hättest du dir einen Splitter eingezogen. Dein zukünftiges Ich wird es dir danken.

Nimm Hilfe an

Es ist immer unangenehm, wenn man Hilfe benötigt, egal unter welchen Umständen. Hilfsbedürftigkeit bedeutet, dass uns Ideen, Energie und Hoffnung fast oder ganz ausgegangen sind. Wir fühlen uns verletzlich, und das kann erschreckend, schmerzhaft und überaus betrüblich sein. Verharren wir aber zu lange in unserer dunklen Ecke, ohne um Hilfe zu bitten, macht uns das fertig. Dabei ist es kein Zeichen von Schwäche, dass man um Hilfe bittet. Tatsächlich stellt es einen Schritt zur Wiedererlangung der Kontrolle dar. Du nimmst die Zügel deines Lebens wieder in die Hand – das ist wahrscheinlich das Beste, was du je getan hast.

Also sei so gut und suche dir Hilfe, lange bevor du das Stadium erreichst, dass du den ganzen Krempel hinwerfen möchtest. Bitte um Hilfe, selbst wenn deine Hoffnung schneller schwindet als letzte Schneereste in der Frühlingssonne. Hoffnung besteht immer, auch wenn du sie gerade nicht sehen oder spüren kannst. Für alles gibt es eine Lösung, auch wenn dir selbst die Ideen ausgegangen sind. Mit der richtigen Hilfe, mit ein wenig Unterstützung kannst und wirst du überstehen, was dir gerade zu schaffen macht. Niemand muss allein kämpfen. Es gibt Menschen, die schon in deiner Lage waren, die genug Erfahrung, Energie, Ideen und Ressourcen haben, um dir in deiner Not beizustehen.

Hoffnung besteht
immer, auch
wenn du sie gerade
nicht sehen oder
spüren kannst.

Unter Druck

Menschen reagieren unterschiedlich auf Druck: Manche blühen unter Druck geradezu auf, andere knicken unter ihm ein. Bei welchem Ausmaß Druck unerträglich wird, unterscheidet sich von Mensch zu Mensch, aber irgendwann wird er übermächtig.
Und dann geht etwas kaputt, oft unsere Gesundheit. Oder das, was uns ausmacht. Niemand ist unzerstörbar. Wir alle können nur ein bestimmtes Maß ertragen.

Manchmal verhindert unser Ehrgeiz, dass wir erblühen.
Manchmal bürden wir uns so viel auf, dass unser Rücken krumm wird und schmerzt.
Manchmal versuchen wir, es allen Menschen recht zu machen.
Manchmal ertrinken wir in unseren Listen.
Manchmal strengt es an, unsere Grenzen zu behaupten.
Manchmal schmerzen Wachstum und Veränderung.
Manchmal sind wir ausgebrannt und rollen mit stotterndem Motor aus.
Manchmal nimmt Einsamkeit uns allen Wind aus den Segeln.

*Manchmal fühlt es sich an, als wären uns alle
Emotionen abhandengekommen.
Manchmal zwingt das Gewicht der schmerzhaften
Dinge uns in die Knie.
Manchmal sind wir blind für den nächsten Schritt.*

Wir gelangen an den Punkt, an dem wir uns völlig
verloren fühlen, schmerzerfüllt, verzweifelt, überzeugt,
wir verfügten nicht über das nötige Rüstzeug, mit irgendetwas fertigzuwerden. Aber bitte betrachte das
nie als Schwäche.

Bei diesen Tiefs handelt es sich um Ermüdungs-
brüche, nachdem wir eine Last zu lange mit uns he-
rumgeschleppt haben. Wir sind nicht zerbrechlich,
ganz im Gegenteil waren wir lange unglaublich stark,
und jetzt brauchen wir nur eine Pause. Eine Gelegenheit, eine Bestandsaufnahme zu machen. Zeit zum Erholen und Auftanken.

Bitte nimm dir diese Pause. Bitte.

Wir haben so viel zu geben, so viel. Daran besteht
kein Zweifel. Aber damit wir geben können, müssen wir auch zu nehmen lernen – so lautet nun einmal ein universelles Gesetz des Lebens. Nimm an,
was du an Hilfe brauchst, um wieder aufstehen und
brüllen zu können. Nimm an, was du brauchst, um
den leeren Tank wieder aufzufüllen. Nimm, was du
brauchst, damit plötzlich wieder wie aus dem Nichts
Lösungen auftauchen. Nimm dir alle Zeit der Welt,
das Leben ist kein Wettrennen. Und am allerwich-
tigsten: Nimm dir, was du brauchst, um dich wieder
zu fühlen wie du selbst.

Selbstfürsorge muss
nicht teuer sein

Wohin wir auch blicken, scheinen Menschen nur so in Selbstfürsorge zu schwelgen: Sie gönnen sich Wellnesstage, Urlaube, Shopping-Trips usw. Von diesen Dingen hören und lesen wir überall.

Und seufzen, weil uns dafür vielleicht die Energie oder das Geld fehlt.

Die Sache ist allerdings die: Wellnesstage sind zwar nett, aber nicht der Inbegriff von Selbstfürsorge. Man darf nicht durcheinanderbringen, was Selbstfürsorge wirklich bedeutet. Sonst wird Selbstfürsorge nur zu einem weiteren Stock, mit dem wir uns schlagen – wenn wir das nämlich zum angepeilten Standard erheben.

Um uns um etwas kümmern zu können, müssen wir es mögen – aber uns selbst können wir oft nicht besonders gut leiden. Freundlichkeit gegenüber uns selbst fällt uns mitunter schwer, manchmal fühlt sie sich sogar unerträglich an, wenn wir beispielsweise schon länger in einer Depression stecken und diese uns grausam anbrüllt, wir wären wertlos, nutzlos und nicht zu retten.

In ihrem Kern bedeutet Selbstfürsorge Erholung und Wachstum. Selbstfürsorge, das sind all die Gedanken, Taten und Entscheidungen – und seien sie noch so klein –, die unser seelisches, körperliches, emotionales und soziales Wohlbefinden verbessern.

Klar, auch ein Tag im Spa bedeutet Selbstfürsorge, aber manchmal, wenn uns die Puste ausgeht, wird Selbstfürsorge unabdingbar und kann dann aus viel kleineren Dingen bestehen, zum Beispiel

- *schlafen,*
- *in einer Angelegenheit seine Meinung ändern,*
- *um Hilfe bitten,*
- *die Handy-Benachrichtigungen abstellen,*
- *einen Arzt- bzw. Zahnarzttermin vereinbaren,*
- *eine Aufbau-Schublade anlegen, in die alle erhaltenen Komplimente, positiven Rückmeldungen und Freundlichkeiten kommen,*
- *sich über eine Krankheit oder Leiden informieren,*
- *Zähne putzen,*
- *ein Glas Wasser trinken,*
- *Hilfe zulassen.*

An schlechten Tagen scheint gelegentlich selbst das unmöglich. Dann achte auf deine Atmung, ruhe dich aus und tue, was immer nötig ist, um den Tag durchzustehen. Auch das ist Selbstfürsorge.

Manchmal sind die scheinbar kleinsten (und völlig kostenlosen) Handlungen die mutigsten, triumphalsten und wirkungsvollsten Akte von Selbstfürsorge.

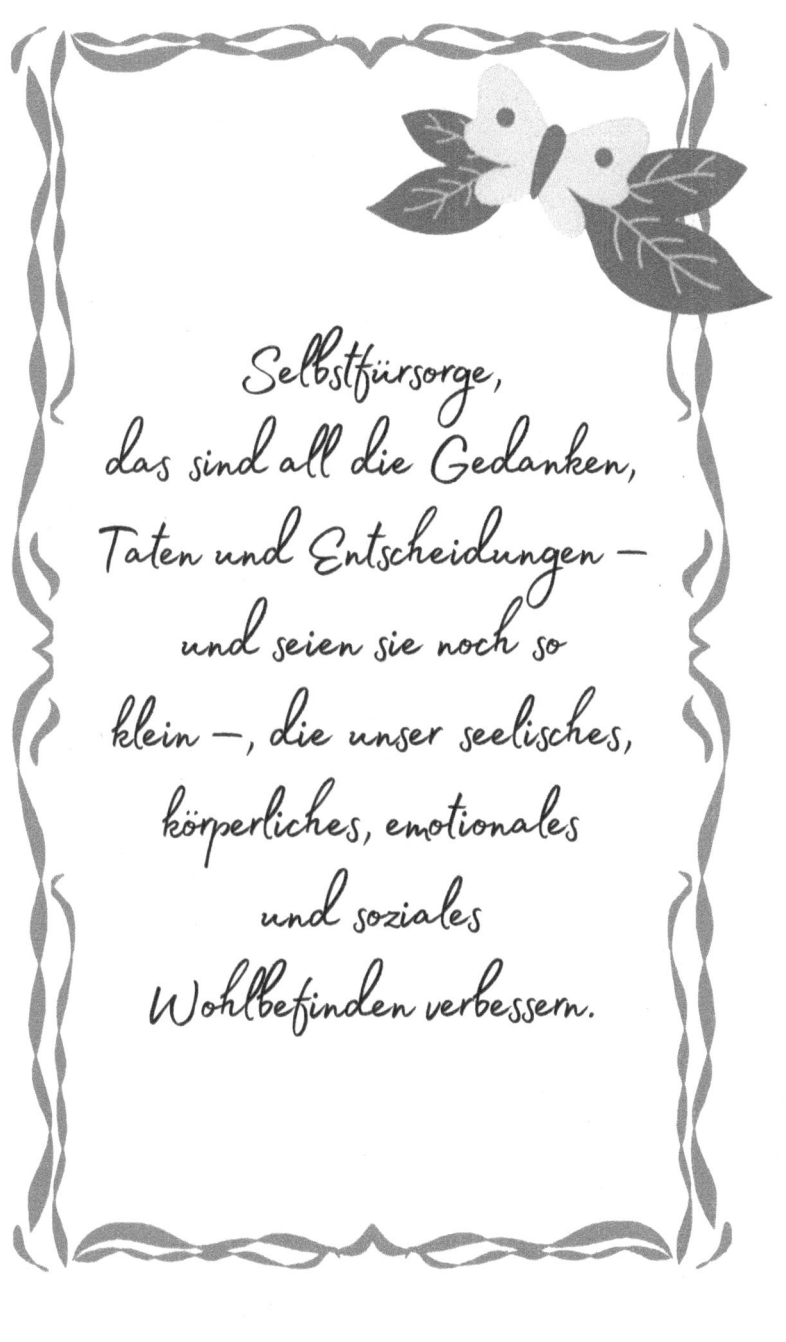

Selbstfürsorge,
das sind all die Gedanken,
Taten und Entscheidungen —
und seien sie noch so
klein —, die unser seelisches,
körperliches, emotionales
und soziales
Wohlbefinden verbessern.

12 Worte für Tage, an denen alles hoffnungslos erscheint

Ich wünschte mir wirklich, du würdest dieses Kapitel nicht brauchen. Tut mir leid, dass sich für dich alles rabenschwarz anfühlt. Wenn ein Hoffnungsschimmer das ist, was du gerade brauchst, lies bitte weiter.

Im Auge des Sturms

Wie schön wäre es, wenn wir fröhlich in der Mitte des Lebensstroms dahintreiben könnten, gelassen und völlig ausgeglichen! Diesen Zustand streben wir an, in ihm wollen wir ewig bleiben. Doch das Leben ist ein ständiges Auf und Ab, es bringt Ebbe und Flut, Anbranden und Zurückweichen, Strömungen, Gezeiten, Stürme – kaum je fließt es friedlich dahin.

Inmitten schrecklicher Stürme, gebeutelt von orkanstarken Winden, können wir uns kaum mehr vorstellen, dass die Elemente sich je wieder beruhigen. Der Sturm nimmt uns voll in Beschlag, ein Danach scheint gar nicht mehr zu existieren. Peitschende Gischt raubt uns die Sicht, der Orkan zerrt an unserer ganzen Existenz, während wir durchgeschüttelt, angeschlagen und völlig kaputt in den Seilen hängen.

Doch auch dieser Sturm lässt sich überstehen, mit genug Durchhaltevermögen und möglicherweise ein wenig Hilfe. Hat er dann nachgelassen, fühlen wir uns erschüttert, verletzlich, aber auch siegreich. Die Elemente haben sich beruhigt, wir sind wieder zur Ruhe gekommen und könnten all die schönen Dinge wieder genießen. Oft genug aber lassen wir uns gar nicht auf diese Lebensfreude ein, denn wir wissen ja, dass der nächste Sturm sich vielleicht schon zusammenbraut, stimmt's?

Und wir fürchten die Stürme, weil sie so schmerzlich sind, so laut, so zerstörerisch, so demoralisierend. Sie hinterlassen einen Nachgeschmack, der uns die Stille danach vergällt, sosehr wir ihn auch loszuwerden versuchen. Wir wissen, dass die Ruhe nicht ewig halten wird – nichts hält ewig. Aber ist nicht genau das der Knackpunkt? *Nichts hält ewig.* Nicht die Ruhe und ganz bestimmt nicht der Sturm. Alles geht vorbei.

Wir lassen zu, dass die Stürme einen Schatten über die ruhigen Zeiten werfen. Dabei könnten wir umgekehrt am Licht festhalten, um die Finsternis aufzuhellen. Nichts ist so mächtig wie ein Silberstreif, wie die Hoffnung inmitten tobender Elemente, dass auch dieser Sturm *vorübergeht.*

Wie schlimm er auch gerade toben mag, du kannst und wirst ihn überstehen. Vielleicht nicht allein; wir alle brauchen mitunter jemanden, der unsere Hand hält, Unterstützung und Führung auf dem Weg durch die Finsternis. Vermutlich verändert die Erfahrung uns auch – alles, was wir erleben, verändert und prägt uns, und manchmal lernen wir aus Stürmen, was wir ändern müssen, um zukünftig wetterfester zu werden: Grenzen ziehen, Selbstfürsorge pflegen, Netzwerke zur Unterstützung knüpfen usw. Du *wirst* triumphieren, du *wirst* wieder lächeln, du *wirst* wieder aus vollem Hals lachen und du *wirst* wieder ruhige Zeiten erleben.

Sitze die Stürme aus und betrachte sie als Vorspiel für die wunderbaren Zeiten, die bestimmt auch wieder kommen. Das Schlimme hast du hinter dir, jetzt folgt bestimmt was Gutes.

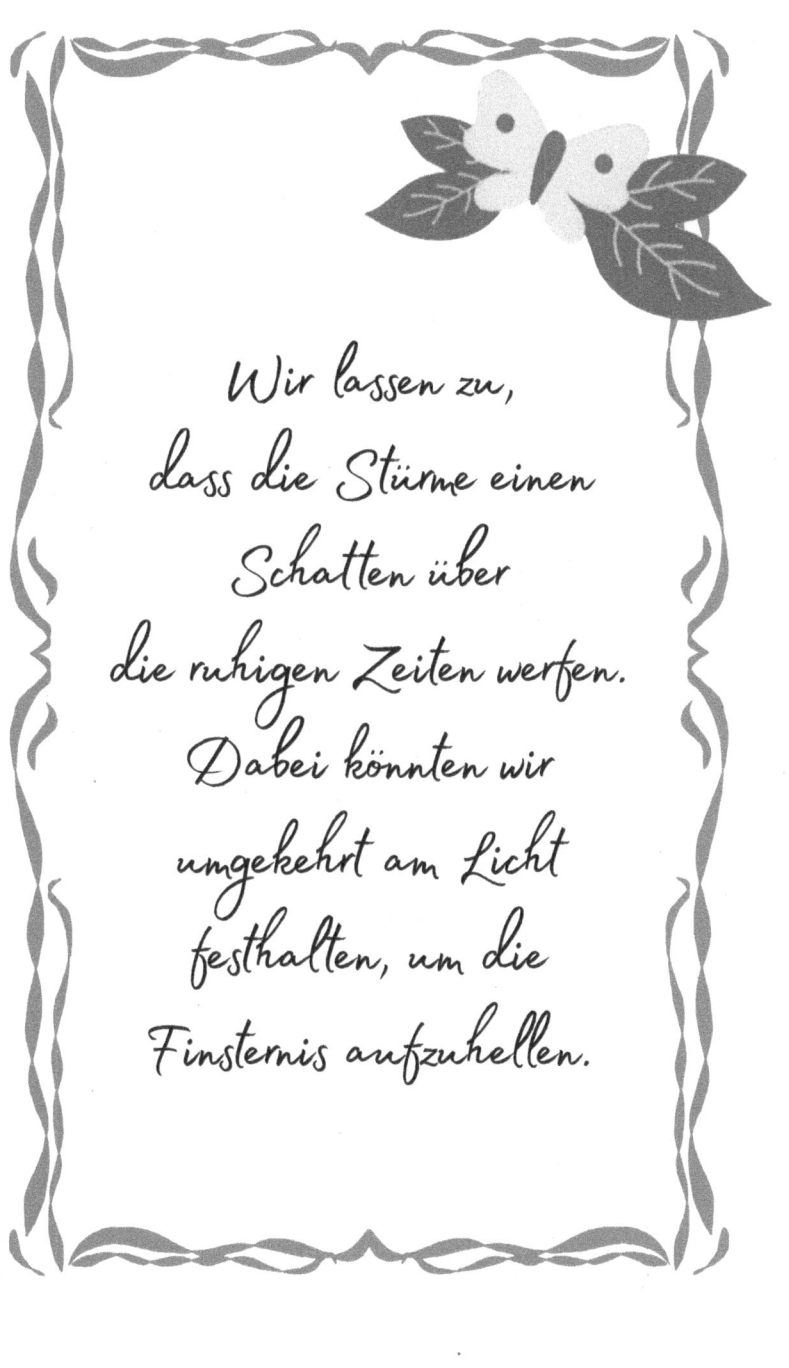

Wir lassen zu,
dass die Stürme einen
Schatten über
die ruhigen Zeiten werfen.
Dabei könnten wir
umgekehrt am Licht
festhalten, um die
Finsternis aufzuhellen.

Der Zinseszinseffekt

Vermutlich kennst du den Zinseszinseffekt, der auf dem Prinzip exponentiellen Wachstums beruht: Selbst kleinste Entscheidungen, winzigste Ersparnisse und Taten können im Lauf der Zeit eine explosionsartige Wirkung in die allerbeste Richtung entfalten. Wie steht es aber um den Zinseszinseffekt von Stress? Von Sorge? Von hartnäckigen kleinen Problemen?

Wenn all die guten Dinge zu einem grandiosen Ganzen anwachsen, müssen sich umgekehrt die weniger tollen Dinge zu etwas ziemlich Unschönem zusammenbrauen, oder?

Und ob! Anhaltender Stress, hartnäckige Sorgen und der ständige Kampf mit Problemen stärken durchaus unsere Resilienz – aber nur bis zu einem gewissen Punkt. Nehmen Schwierigkeiten aber kein Ende, zieht sich ein Zustand endlos hin, fühlt es sich dauerhaft an, als würde das Leben uns unablässig Knüppel zwischen die Beine werfen, dann wird es kritisch. Wir fühlen uns wie Dampfkochtöpfe ohne Sicherheitsventil, alles staut sich immer mehr an, bis uns alles um die Ohren fliegt.

Und ja, dann rät man uns zu Recht, uns Hilfe zu suchen. Aber nicht jeder hat ein »Dorf«, ein stabiles

Auffangnetz, nicht jeder weiß, wohin er sich in seiner Suche nach Hilfe wenden soll. Vielleicht hat er schlicht niemanden; niemanden, der ihm eine Hand reichen würde.

Diese Art von Isolation ist erschreckend und schmerzhaft. Mit ihren Problemen fühlen Betroffene sich dann leicht wie am Boden einer Schlucht, gefangen zwischen unüberwindlichen Wänden.

Kein Wunder, wenn jemand in einer solchen Situation keine positiven Gedanken mehr fassen kann, ihm all die Aufmunterungen nur sauer aufstoßen, und Posts, man solle »mit Freunden und Angehörigen reden«, ihm wie böser Hohn vorkommen.

Doch was tut man nun in so einer Lage?

Wir gehen in Notfall-Selbstfürsorgemodus. Wir machen winzigste Selbstfürsorge-Schritte, konsequent und unbeirrbar, obwohl uns das vielleicht seltsam und aufgesetzt vorkommt. Solche kleinen Akte der Selbstfürsorge sammeln sich und bringen etwas in Bewegung.

Wenn wir tief unten im Abgrund sitzen, mag Selbstfürsorge uns sinnlos und unnötig vorkommen, weil sie ja nicht unmittelbar weiterzuhelfen scheint. Vielmehr wirkt sie womöglich wie ein sinnloser Fluchtversuch vor der Flut an Problemen, zu deren Lösung sie offenbar nichts beiträgt. Selbstfürsorge scheint einfach *ungenügend* oder sogar kontraproduktiv, es widerspricht unserem Instinkt, uns um uns selbst zu kümmern, was zum guten Teil daran liegen mag, dass wir schon lange nicht mehr glauben, wir selbst zählten etwas. Selbstfürsorge ist ein Akt der Fürsorge, und wer am Boden eines Abgrunds sitzt, hat vermutlich schon vor Monaten aufgehört, für sich selbst zu sorgen.

Das aber müssen wir (und ich sage das nicht leichtfertig dahin). Wir sind größer als die Felswände um uns – auch wenn wir das selbst nicht spüren. Selbstfürsorge, Freundlichkeit uns selbst gegenüber, Geduld, Innehalten, Hege und Pflege – das ist wie Hanteltraining für unsere Seele; es hilft uns, Berge zu versetzen, aus unserem Abgrund zu klettern und den Zinseszinseffekt der Negativität der Schmerzen und des knochenzermahlenden Gewichts jener Bürde, die wir mit uns herumschleppen, umzukehren.

Du verdienst Fürsorge ebenso sehr wie jeder andere auf dieser Welt. Fange hier damit an, fange klein an, fange jetzt an und fange mit dem an, was du in diesem Augenblick hast und bist. Aber fange an, dich mit Fürsorge und Liebe und all den guten Dingen zu überschütten, denn das hilft dir, neue Kräfte zu sammeln und die schlimmen Dinge zu bewältigen.

Probleme bilden keine Schlange

Wir entwickeln Resilienz, indem wir Probleme überwinden, die wir zuvor für unüberwindlich hielten. In einer idealen Welt würden die Probleme, denen wir gegenüberstehen, brav eine Schlange bilden, der Größe nach geordnet, die kleinsten zuerst. Wir würden sie uns eines nach dem anderen vornehmen und immer selbstsicherer und resilienter werden. Wir würden uns (hoffentlich) bestens gerüstet fühlen, auch das nächste, ein wenig größere Problem anzupacken, und wir würden uns auf ein Problem nach dem anderen konzentrieren können. Und zwischen den einzelnen Problemen wäre immer genug Pause für ein kurzes Durchschnaufen. Was wäre das wunderbar!

Leider läuft es im Leben nicht so. Das Leben kann wunderbar, aufregend großartig sein, aber auch chaotisch, schmerzhaft und schrecklich aufdringlich. Angesichts seiner unfassbaren Macht fühlen wir uns oft klein, unbedeutend und restlos besiegt.

Instinktiv neigen wir vielleicht dazu, uns wie ein Soldat unter alldem herauszurollen und so schnell und weit wegzulaufen, wie wir nur können. Doch leider weigern sich unsere Probleme, in unserer Abwesenheit von selbst zu verschwinden.

Lege eine Pause ein, sobald das Leben dich unter sich zu ersticken droht und du keinen Ausweg mehr siehst. Eine Pause gibt dir Power, auch wenn du glaubst, du könntest dir keine leisten. Konzentriere dich auf deine Atmung: Atme langsam aus und zähle dabei bis fünf, atme langsam ein und zähle dabei bis fünf. Wiederhole das, bis du dich wieder ruhiger fühlst. Sammle dann deine Gedanken und gehe ein Problem nach dem anderen an – und zwar angefangen mit dem in deinen Augen dringlichsten, nicht mit demjenigen, mit dem andere dir gerade vor der Nase herumwedeln, um deine Aufmerksamkeit zu bekommen. Bitte diese Menschen höflich um Geduld, sage ihnen, dass du dich später um sie und ihre Angelegenheit kümmerst, dein Bestes gibst, im Augenblick aber mit etwas anderem beschäftigt bist. Denn selbst wenn wir uns machtlos fühlen, dürfen wir noch immer die Entscheidungen treffen, die für uns am besten sind.

Und vergiss dabei nie, zwischen zwei »Dingen« eine nette, ruhige Atempause einzulegen.

Schaffe einen Horizont

Zu den Konstanten des Lebens gehört, dass es uns unablässig Probleme vor den Latz knallt, Hürden errichtet, Knüppel zwischen die Beine wirft und so unsere Existenz total durcheinanderbringt. Schlimme Ereignisse entziehen sich zwar meist unserer Kontrolle, doch wir können einen Horizont schaffen, um über dunkle Phasen hinweg eine Perspektive zu behalten.

Wenn vor uns Dinge liegen, auf die wir uns freuen – Dinge, die uns Schmetterlinge im Bauch verursachen, Vorfreude in uns auslösen, uns Frieden oder Spaß verheißen: große Ereignisse, Bücher, Filmstarts, Urlaube, Treffen mit Menschen, die uns aufbauen –, dann bleibt uns immer die langfristige Perspektive darauf, komme es noch so knüppeldick. Wir können über die aktuellen Probleme hinwegsehen, und das lässt uns durchhalten.

Sollte es am Anfang eines Tages, einer Woche, eines Monats, eines Jahres oder eines Jahrzehnts nichts geben, auf das du dich freust, dann denke dir etwas aus, plane es fest ein, schreibe es in deinen Kalender. Denn diese Dinge können wir kontrollieren. Wir dürfen unsere Tage mit so vielen Glücksmomenten spicken, wie uns nur einfallen.

Es muss sich dabei um gar keine großartigen Sachen handeln: Du kannst dich auch auf einen Tagesausflug an den Strand freuen, auf einen Spaziergang um den See herum, auf Zeit zum Nachdenken außerhalb des Familienalltags, auf ein Schaumbad, nachdem du die Kinder zur Schule gefahren hast, auf Handwerkskurse, auf Treffen mit Gleichgesinnten, auf eine tägliche Tanzpause zu deinen Lieblingssongs, auf das Anzünden einer Duftkerze mit deinem Lieblingsgeruch, auf ein köstliches Mittagessen, das du dir selbst zubereitest, auf FaceTime mit jemandem, den du anhimmelst, darauf, etwas dazuzulernen, Platz auf einem Regal freizuräumen, um deinen geliebten Krimskrams zur Geltung zu bringen, in Karten/E-Mails/Briefen zu schmökern, die mit Liebe geschrieben wurden, mit dem Buch anzufangen, das du schon lange schreiben willst, jeden Tag ein Zeitfenster für Selbstfürsorge zu blocken (und wenn es nur 15 Minuten sind), was auch immer, solange nur schon der Gedanke daran dich aufrichtet. Bemühe dich bewusst darum, solche Dinge öfter zu machen.

Oft können wir die üblen Dinge nicht verhindern, und wenn wir mittendrin stecken, fühlt es sich an, als gäbe es nichts anderes mehr. Aber schöne Momente lassen sich immer arrangieren und einplanen. Schaffe einen Horizont für dich selbst, sodass du beim Blick in die Zukunft Sonnenstrahlen siehst und einen Regenbogen zwischen den Sturmwolken.

Unsere Gedanken lügen

Wenn das Leben uns mit all dem Mist zugeschüttet hat, der ihm nur einfiel, fällt es uns schwer, positiv zu bleiben. Selbst für eigentlich optimistische Menschen kann es da anstrengend werden, geistig ermattend und schwierig, sich eine Pause zu verschaffen. In diesen Phasen passiert auch etwas anderes: Unsere Gedanken verfinstern sich. Als reichte es nicht, dass die Außenwelt schwierig ist, kann jetzt auch unser Innenleben kompliziert werden.

Doch unsere Gedanken lügen, wenn sie uns einflüstern, dass wir keine Liebe verdienten, kein Glück und keine Kameradschaft. Absolut jeder verdient diese Dinge.

Unsere Gedanken lügen, wenn sie uns einflüstern, wir wären eine Last. Wir schleppen eine Last mit uns herum, das macht uns keineswegs selbst zu einer Bürde.

Unsere Gedanken lügen, wenn sie uns einflüstern, die Welt wäre ohne uns besser dran. Denn das stimmt *nie. Niemals.*

Unsere Gedanken lügen, wenn sie uns einflüstern, wir hätten unsere dunklen Phasen verdient, selbst zu verantworten. Jeder erlebt mal schwierige Zeiten, aber sie vergehen auch immer wieder.

Unsere Gedanken lügen, wenn sie sagen, es würde nie wieder besser. Alles geht irgendwann mal vorbei oder verblasst: das Gute, das Schlechte, sogar das richtig Schmerzhafte.

Unsere Gedanken lügen, wenn sie uns einflüstern, wir wären ungenügend. Wir sind von Geburt an gut genug.

Trotzdem schmerzen solche Lügen natürlich. Es fühlt sich buchstäblich an, als führten wir Krieg gegen uns selbst, und im Gegensatz zu äußeren Dingen können wir unseren Gedanken nicht entfliehen. Sie begleiten uns überallhin.

Die Lügen sind zahlreich, aber sie lassen sich *alle* entlarven, denn sie alle entsprechen nicht der Wahrheit. Unsere Gedanken sind wie vorüberziehende Wolken (manche größer, grauer und trüber, andere wieder fedrig und dünn), aber keine Fakten. *Sie sind keine Fakten.*

Nur weil wir etwas nicht sehen oder es uns nicht vorstellen können, heißt das noch lange nicht, dass es das nicht gibt.

Nur weil wir keine besseren Zeiten am Horizont erkennen oder sie uns auch nur vorstellen können, heißt das nicht, dass sie nicht wiederkämen.

Nur weil wir unsere eigene Größe nicht erkennen, heißt das nicht, dass andere Menschen das nicht können.

Nur weil diese Gedanken sich wahr anfühlen, macht sie das noch lange nicht wahr.

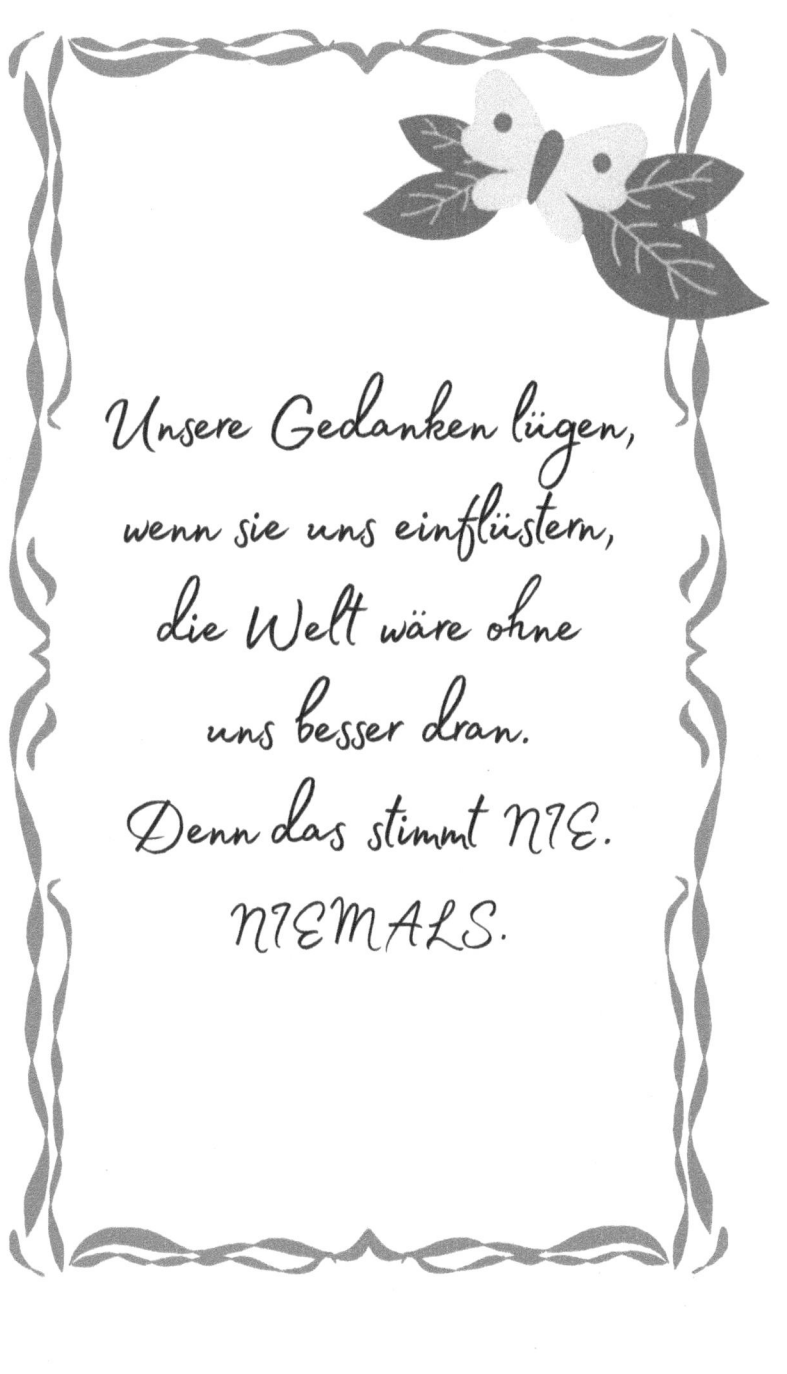

Unsere Gedanken lügen,
wenn sie uns einflüstern,
die Welt wäre ohne
uns besser dran.
Denn das stimmt NIE.
NIEMALS.

Gib nicht auf,
bevor es besser wird

Halte auch dann durch, wenn die Lage wirklich ernst wird. Gib deinen Widerstand gegen Hilfsangebote, Unterstützung und Erholung auf, aber nicht den Widerstand gegen den ganzen Mist.

Die harte Zeit vergeht irgendwann. Immer. Schau dich nur um: Es wimmelt nur so von Geschichten darüber, wie Menschen Widrigkeiten überwanden. Sie sind aber auch nicht großartiger oder außergewöhnlicher als du. Du hast alles, was sie auch haben. *Sie gaben nur einfach nicht auf, bis es besser wurde.*

Auch sie sprangen nicht wie ein Schachtelteufel aus ihrer Kiste, sich auf die Brust trommelnd. Nein, sie fürchteten sich, kämpften mit ihrer Unsicherheit und fürchteten, all ihre Bemühungen könnten umsonst sein. Auch bei ihnen zerfloss die Hoffnung zu winzigsten Spuren, auch sie fühlten sich erschöpft, erschlagen und unwohl.

Lies die Geschichten, schau dir die Filme und TED Talks an, sprich mit diesen Menschen und stelle ihnen Fragen, folge ihnen in den sozialen Medien, und du wirst sehen, dass sie nicht immer vor Mut strotzten, wie wir uns das bei Superhelden immer vorstellen. Diese Menschen waren superheldenhaft, weil sie sich weigerten aufzugeben, obwohl vielleicht jede Zelle ihres Körpers schrie, sie könnten das nicht und würden das nicht überstehen.

Mut bedeutet nicht, dass man sich mutig fühlt. Unsere Heldentaten begehen wir oft angsterfüllt und nahe daran aufzugeben.

Du bist ein Superheld, auch wenn du es vielleicht noch nicht weißt. Es gibt nichts, absolut *nichts*, das du nicht überstehen kannst und wirst. Bitte gib nicht auf, bevor es besser wird.

Danksagung

Im Rückblick erkenne ich, dass sich Güte wie ein roter Faden durch mein Leben zieht. Dafür bin ich überaus dankbar. Es gibt viel mehr freundliche Menschen als böse, viel mehr gute Zeiten als schlechte.

Die Lektüre meiner bisherigen Danksagungen führt mir erneut vor Augen, wie gütig all die dort erwähnten Menschen sich mir gegenüber verhielten; es wärmt und tröstet mich, dass ich so viel Freundlichkeit von ihnen empfangen durfte. Zu diesen Menschen zieht es mich wie eine Motte zum Licht.

Ich möchte einer ganzen Latte von Menschen danken. Bereit?

Meinem Mann Dom für seine unerschütterliche Unterstützung, dafür, dass er mir über den Kopf streichelte, mir Tausende Tassen Tee brachte, Tränen abwischte, die Hand hielt, Wärmflaschen machte, mich mit freundlichen Worten ermutigte, mich unermüdlich anfeuerte und immer an mich glaubte. Die Liste seiner Wohltaten würde ein eigenes Buch füllen!

Unserer Tochter Peggy, die so liebenswürdig ist, dass sie, als sie ein Blindschleichennest im Garten fand, einen Riesenhaufen Unkraut sammelte und vor den Eingang legte, damit sie genug zu fressen hätten. Die Liste solcher Dinge ließe sich lang fortsetzen.

Einmal strich sie mir beispielsweise über die Stirn, als ich ihr sagte, es ginge meinem Kopf nicht gut (Depression). Sie hinterlässt mir unzählige Karten und Kunstwerke auf dem Schreibtisch. Ich liebe ihre klugen Erkenntnisse, ihre Fähigkeit zu lieben und die Art, wie sie sich um unseren Hund kümmert, als wäre er ihr Baby.

Meiner wunderschönen Mutter Hubbard, die mir und meiner Schwester durch ihre Worte und vor allem ihre Taten Güte einflößte. Ich bin sprachlos, wie sie uns alle feiert, verteidigt und jederzeit das Gefühl gibt, dass sie uns liebt. Und zwar sehr. Mir kommen die Tränen, wenn ich an all die Millionen Arten denke, wie sie mir Freundlichkeit erwies.

Meiner jüngeren Schwester Clairie, die so liebenswürdig ist, wie man sich nur wünschen kann. Wenn jemand ihr wichtig ist, geht sie mit vollem Einsatz rein, und ich schätze mich überaus glücklich, dass ich mit ihr aufwachsen und älter werden durfte.

Meinem äußerst lustigen Vater, der so viel liebenswürdiger ist, als er zugeben würde (jetzt wissen es alle, sorry, Paps, aber es stimmt!).

Es gäbe noch so viele Menschen, die ich mit einem eigenen Absatz ehren könnte, aber ich fürchte, da käme noch mal ein eigenes Buch dabei raus. Trotzdem sind sie natürlich um nichts weniger liebenswürdig:

Ryan, Livvy, Rosie, Tante Ammy, Onkel Keithie, Wendy, Adgie, Paul, Teresa, Holly, Zach, Tom, Pam, Rach, Rob, Sienna, Sofia, Lou, Sam, Amy Trevaskus, Caroline French, Tracy Hayne, Kate Penhale, Karen Lang, Tambo Lemon Meringo, McHuggus, Stephbeam, Naomipops, Imogen, Tina Bernstein, Rosie Johnson,

Jemma Thompson, Fiona Dermott, Reagon Guest, Emma Gannon, Emma Preator, Mrs Bradley, Rich und Caroline Mehta und viele mehr.

Ohne die Freundlichkeit, die Großzügigkeit und Hingabe, die folgende Kraftpakete auszeichnet, gäbe es keine Bücher, am allerwenigsten dieses hier. Allerbesten Dank also an Abbie Greaves, Olivia Morris, Katie Greenstreet, Ru Merritt, Paul Stark und Lucinda McNeil. Ich bin euch unendlich dankbar. Ich weiß so sehr zu schätzen, was ihr für mich getan habt!

Jayne Hardy

Mit Selbstfürsorge zu innerer Kraft, Gelassenheit und Lebensfreude

Sich ganz bewusst um seine tiefsten Wünsche und Bedürfnisse zu kümmern, ist unverzichtbar für unser körperliches und seelisches Wohlergehen – und alles andere als egoistisch!

Mit einer Fülle an wertvollen Tipps und spielerischen Übungen bringen wir frischen Schwung und positive Energien in unser Leben und schließen eine wundervolle Freundschaft mit uns selbst.

978-3-453-70365-0

Jayne Hardy

Ein Nein tut keinem weh
– und dir tut's gut

Unser Alltag wird immer fordernder. Ständig steht jemand in der Tür, bittet, verlangt ... Allzu oft geben wir nach, sagen zu allem Ja und Amen und tun, was wir eigentlich gar nicht tun wollen.

Das muss nicht sein! Jayne Hardy zeigt, wie wir herausfinden, was uns wirklich guttut. Indem wir klare Grenzen setzen, schaffen wir uns Freiräume, in denen wir zurück in unsere Kraft finden.

978-3-453-70410-0

Leseprobe unter **www.heyne.de**